ゼロから話せるカンボジア語

会話中心

森 奏子 著

三修社

●音声ダウンロード・ストリーミング

本書の付属 CD と同内容の音声がダウンロードならびにストリーミング再生でご利用いただけます。PC・スマートフォンで本書の音声ページにアクセスしてください。

https://www.sanshusha.co.jp/np/onsei/isbn/9784384057874/

本書にはネイティブスピーカーの吹込みによる音声 CD が付属しています。

Track 01 マーク箇所のカンボジア語を収録しています。

著者・吹込者近影
（後列左から）　スルー・エンニアン
カエプ・ソクンティアロアト
ウン・テワンダ
（前列）　森奏子

はじめに

　「カンボジア語ってどんなことばだろう？」と思って本書を手にとられた皆さん、ようこそ！　カンボジア語は文字通り、東南アジア大陸部にある人口1500万人弱のカンボジア王国で公用語として使われている言葉です。
　少し前までカンボジアと聞いて思い浮かぶのは「地雷」と「アンコールワット」くらいの遠い国だったかもしれません。しかし近年めざましい発展を遂げており、カンボジアを訪れる日本人も多く、同じアジアの一員として互いに親しみを感じる国の1つになりつつあります。

　本書は、まったく初めてカンボジア語に触れる人にも分かりやすいように工夫して書かれています。どれも基本的ながら実際の会話でよく使う表現ばかりですので、「カンボジア語って難しそうだなあ」なんて身構えずに、まずはCDを聞きながら真似して言ってみてください。動詞の活用形や名詞の複数形といった暗記に労力を要する文法事項はほとんどなく、覚えた単語を最小限の規則にしたがって並べていくことで意味のある文が作れるのです。
　少しでもカンボジア語を話せると、現地の人たちにもとても喜ばれて仲良くなれ、皆さんにとっても新しい世界が広がることでしょう。

　日本とカンボジアのますますの親交を願いつつ。

著　者

もくじ

本書の使い方／発音表記について

■ 覚えるフレーズ ——————————————————— 1
こんにちは／さようなら／はい／良いですね

ありがとう／大丈夫です／すみません／～と申します

どちらへ？／～はありますか？／～はどういう意味？／いくらですか？

～はどこですか？／さあ（～しよう）／ご飯だよ／美味しい

なるほど／え、なんで?!／助けて／ゆっくり話してください

■ カンボジア語とは ——————————————————— 12

■ ダイアローグで学んでみよう ——————————————— 15

1 私の名前はミカです ——————————————————— 16
挨拶のことば　●基本的な人称代名詞　●呼びかけ

2 おいくつですか？ ——————————————————— 20
基本語順①②　所有の表現　●数字

3 お仕事は？ ——————————————————— 24
「何」を使った疑問文　●職業を言ってみましょう

4 いくらですか？ ——————————————————— 28
否定の表現　いろいろな形容詞①　●接続のことば　カンボジアのお金

5 白と赤のどちらが良いですか？ ————————————— 32
色の言い方　いろいろな電化製品　国の言い方

6 美味しそう ——————————————————— 36
飲食に関する表現　いろいろな形容詞②　●願望「～したい」

●ក្លាយជា[クーオ・アオイ]（～に値する）を使った表現

7 忙しくて行けないわ ——————————————————— 40
●「～しに行く」「～しに来る」　●「はい」か「いいえ」かを問う疑問文　●文末詞

8 家はどこですか ——————————————————— 44
時間の表現　命令表現　●カンボジア語の「行く」と「来る」　●位置関係と方角

9	面白いよ	48
	使役表現 「〜し始める」と「〜し終わる」	
	●いろいろな動詞を覚えましょう	
10	今月が一番暑いのよ	52
	●比較表現「〜よりも」 ●最上級の表現「一番〜だ」	
	●同じであることを言う表現 ●主題「〜は」	
11	カンボジア語がお上手ですね	56
	頻度を表すことば ●原因や理由 ●「よく〜する」	
12	早いですね	60
	「早い」と「遅い」 ●完了表現	
13	何時に仕事に行きますか？	64
	●「〜時」と「〜時間」 ●「知る」や「分かる」 朝ごはんの習慣	
14	頭が痛いです	68
	病気や怪我の表現 身体部位の言い方 ●受け入れと断りの表現	
15	番号違いですよ	72
	カンボジアの通信事情 ●ថា [ター] の使い方「〜と（言う）」	
16	電池切れだ	76
	អស់ [オッ] の使い方 ●「見る」と「見える」 ●「まだ〜していない」	
17	きれいな景色！	80
	●感情を表すことば ●観光に関することば	
18	カンボジアの結婚式に行ったことがありません	84
	●「〜するつもりだ」 ●曜日の言い方	
	●ធ្លាប់ [ダエル] の用法（経験・関係代名詞） カンボジアの結婚式	
19	ヘルメットをかぶるのを忘れないでね	88
	●移動手段 ●បាន [バーン] を使った表現 ●月の言い方	
20	遅れないように行きましょう	92
	●だいたいの時刻 ●年の表し方 ●性格を表すことば	

■ 文字と発音／文法 ──────────────── 97

文字と発音 ─────────────────── 98

文法 ───────────────────── 104
1. 人称と指示詞　2. 数え方　3. 基本語順　4. 修飾
5.「ある」と「いる」　6. 名詞と名詞をつなぐ文
7. 否定　8. 時間関係　9. 動詞の連続　10. 助動詞
11.「はい」か「いいえ」で答える疑問文　12. 疑問詞疑問文
13. 前置詞　14. 命令・依頼と禁止　15. 使役

■ ビジュアル・カンボジア語 ─────────── 117
1. 服装　2. 持ち物　3. 家の中　4. 台所　5. 街
6. 自然　7. 野菜　8. 果物　9. 動物　10. 家族

■ 単語 INDEX ───────────────── 129

本書の使い方

　この本は、はじめてカンボジア語に触れる人が「カンボジア語で言いたいことを伝えること」ができるようにという目的で書かれています。内容は「覚えるフレーズ」「ダイアローグで学んでみよう」「発音と文字」「文法」「ヴィジュアル・カンボジア語」「単語 INDEX」から成り立っています。

覚えるフレーズ

　挨拶やあいづちをはじめ、実際にカンボジアでよく耳にする短い 20 のフレーズを載せています。簡単で便利な表現ばかりですので早速使ってみてください。

ダイアローグで学んでみよう

　カンボジアをはじめて訪れたミカが、ソピアップさんを中心としたカンボジア人達と交流を深めていく様子を通して会話を学んで行きましょう。20 課まであり、各課ともにキーワードや文法事項、さらに使える色々な表現が載せてあります。CD を繰り返し聞いて真似しながらカンボジア語のリズムを体得していってほしいと思います。

文字と発音

　「カンボジア語の文字のしくみってどうなっているんだろう？」と興味を持たれた方に向けて、簡単に文字の構造とその発音を記しておきました。本格的に文字を習得する足掛かりになれば幸いです。会話のみ学習したい方は読み飛ばしてもかまいません。

文法

　カンボジア語の規則のうち、基本的なものを広く取り上げています。じっくり読むのも良いですし、ダイアローグを学習していて文法事項を確認したいときに参照するのも良いでしょう。

ヴィジュアル・カンボジア語

　イラストを見ながらカンボジアの生活に欠かせないものの言い方を学べる 10 ページです。

単語 INDEX

　本書に登場した単語を、「日本語―カンボジア語」辞書の形で載せてあります。

◆発音表記について◆

　本書でははじめての方にも取り組みやすいよう、カンボジア文字の読み方に発音記号は使用せず、カタカナのみで表しています。もちろんカンボジア語の音をカタカナのみで正確に表すことは難しいので、ぜひ付属のCDで実際の発音を聞きながら学習してください。読むときには以下の点にご留意ください。

---

1. ●で囲んだ音は、息をしっかり出しながら発音します（有気音といいます）。
　　　カ　　ト　　チャ　など。

　逆に、囲んでいない「カ行」「チャ行」「タ行」「パ行」は無気音ですので息が出ないように発音します。
　　　カ　　ト　　チャ　など。

　有気音と無気音の違いをマスターするには練習が必要ですが、カンボジア語では大切な区別の1つですので初学者の方もできるだけ意識してください。

2. （　）で囲んだ音は、その発音をする口の形だけして音は出さずに止めます。
　　　トゥ(ク)　　ベ(チ)　など音節末に現れます。

3. 「ラ」「リ」「ル」「レ」「ロ」は、上の歯茎に舌をあてたまま発音するいわゆる[l]の音です。
　　下の先を上あごからはじくようにするいわゆる[r]の音は「ラァ」「リィ」「ルゥ」「レェ」「ロォ」で表しています。

　なお、文字と発音についての詳しい解説は98ページ〜をご参照ください。

覚える
フレーズ

Track 01

こんにちは

ជំរាបសួរ

チョムリィーア(プ)・スーオ

丁寧な挨拶で、朝・昼・夜のいつでも使えます。胸の前で手を合わせて合掌しながら言いましょう。

Track 02

さようなら

ជំរាបលា

チョムリィーア(プ)・リーア

別れるときの丁寧な挨拶です。やはり合掌しながら言いましょう。

Track 03

はい

បាទ / ចាស
バー(ト)　チャー

「はい」や「うん」にあたるカンボジア語です。男性はបាទ[バー(ト)]、女性はចាស[チャー]を使います。肯定の返事としてだけではなく、あいづちとしても用いられます。

Track 04

良いですね

ល្អណាស់
ルオー・ナッ

素晴らしいものを見たとき、何かに誘われたとき、ほめたいとき、など色々な場面で使えます。

Track 05 ありがとう

អរគុណ
オー・クン

前に សូម [ソーム] をつけるとさらに丁寧になります。後ろに「たくさん」という意味の ច្រើន [チュラァウン] をつけることもあります。

សូមអរគុណ　　ありがとうございます
ソーム・オー・クン

អរគុណច្រើន　　どうもありがとう
オー・クン・チュラァウン

Track 06 大丈夫です

មិនអីទេ
ムン・アイ・テー

文字通りには、「何」という意味の អី [アイ] を否定表現 មិន～ទេ [ムン～テー]（～ない）ではさんだ「何でもありません」という表現です。お礼を言われたときの「どういたしまして」という返事にもなります。

ブーオン

すみません

សុំទោស
ソム・トーッ

日本語の「すみません」と同じく、謝るときだけではなく呼びかけるときにも使えます。

〜と申します

ខ្ញុំឈ្មោះ〜
クニョム・チュモッ

ខ្ញុំ[クニョム]は「私」、ឈ្មោះ[チュモッ]は「名前は〜です」という意味です。名前は日本語と同じく姓・名の順ですが、長いと覚えにくいので下の名前（あるいはその一部）だけ伝えても良いでしょう。

ខ្ញុំឈ្មោះខាន់តា　私の名前はカンタです
クニョム・チュモッ・カンター

Track 09 どちらへ？

ទៅណា?
タウ・ナー

本当に行き先を尋ねる場合も使いますが、単に挨拶がわりに交わされる言葉です。ទៅ[タウ]が「行く」という動詞です。ណា[ナー]（どちら）の位置に行き先を入れると答えになります。

ទៅផ្សារ　　市場へ行きます
タウ・プサー

Track 10 ～はありますか？

មាន～ទេ?
ミーアン・～・テー

មាន[ミーアン]は「ある、持っている」という意味です。人にも物にも使えます。

មានកូនទេ?　　お子さんがいますか？
ミーアン・コーン・テー

មានឡានទេ?　　車がありますか？
ミーアン・ラーン・テー

～はどういう意味？

～មានន័យជាម៉េច？
～・ミーアン・ネイ・ター・マ(チ)

言葉の意味が分からないときにこう言って聞きます。មានន័យ[ミーアン・ネイ]は「意味する（持つ＋意味）」、ជាម៉េច[ター・マ(チ)]が「どういう」です。

いくらですか？

ថ្លៃប៉ុន្មាន？
トライ・ポンマーン

値段を尋ねる言い方です。市場では値段を交渉しながら納得いく買い物を目指しましょう。

ប្រាំពីរ
ブラァム・ピー

～はどこですか？

～នៅឯណា？
～・ナウ・アエ・ナー

探している人や物を言ってからこのフレーズをつけましょう。

បងនៅឯណា？　　　（電話で）あなたどこにいるの？
ボーン・ナウ・アエ・ナー

នាឡិកានៅឯណា？　　（お店で）時計はどこですか？
ニアリカー・ナウ・アエ・ナー

さあ（～しよう）

តោះ
トッ

今から何かをはじめるときの掛け声のようなものです。発音するときには「ト」の音が無気音なので息が出ないように気をつけてください（少し練習が必要です）。

តោះទៅ　　さあ行こう
トッ・タウ

ご飯だよ

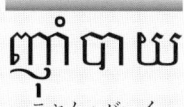

ញាំបាយ
ニャム・バーイ

　カンボジアではご飯は皆で食べるのが基本なので、食事の時間になったら周りの人に ញាំបាយ [ニャム・バーイ] と声をかけます。お断りするときは ញាំហើយ [ニャム・ハウィ]（もう食べたよ）と言えば良いでしょう。

美味しい

ឆ្ងាញ់
チュガニュ

　料理を食べてみて美味しかったらこう言いましょう。でも苦手なものは無理して食べることはありません。正直に អត់ចេះញាំទេ [オ(ト)・チェッ・ニャム・テー]「（苦手で）食べられません」と言いましょう。

なるほど

អញ្ចឹងហ្អូ
オンチャン・オー

会話の途中で時々こう言ってみましょう。静かに言えば「そうですか」と同調を表すことができますし、目を丸くして言えば驚きの気持ちが伝わる万能あいづちです。

え、なんで?!

ម៉េចចឹង
マ(チ)・チャン

こちらもよく使うあいづちです。相手の言っていることが意外でびっくりしたらこう言いましょう。

助けて

ជួយផង
チューオイ・ポーン

溺れたり事件に巻き込まれたりといった一大事のみならず、ちょっと重い荷物を運ぶときなどに「手伝って」というニュアンスで用いられます。

ゆっくり話してください

សូមនិយាយម្តួយៗ
ソーム・ニジーアイ・ムーオイ・ムーオイ

カンボジア語が早くて聞き取れないときはこのフレーズを使いましょう。「ひとつひとつ話してください」という意味です。カンボジア人にとって外国人がカンボジア語を学んでくれることは嬉しいことですから、きっと根気よく付き合ってくれます。

99
ド(プ)・ムーオイ

カンボジア語とは

概　要

　カンボジア語は、その名のとおり、カンボジア王国で公用語として話されていることばです。カンボジアは東南アジア大陸部にあり、面積は日本の約半分の 18.1 万㎢、人口 1500 万人弱で、ベトナム、タイ、ラオスと国境を接し、南西部はタイ湾に面しています。カンボジア語はクメール民族のことばという意味でクメール語とも呼ばれ、カンボジア人の 9 割以上が母語として使用しています。また、ベトナムやタイの一部、その他第三国に移り住んだクメール人たちによって話されています。

発　音

　カンボジア語の発音でもっとも気をつけたい点は、息を出して発音する有気音と息を出さないで発音する無気音の区別です。本書では、有気音をカ、タ、のようにグレーで囲って示しています。口の数センチ前に手のひらをあてて発音してみてください。息がかかれば有気音、かからなければ無気音です。ティッシュペーパーを使って揺れるかどうかを見て確かめるのも良いでしょう。そのほか、音節末の子音の発音や日本語にない母音の区別など慣れるまで練習が必要なポイントがいくつかありますが、実際の音を CD で何度も聞きながら真似るのが 1 人でもできる一番の方法です。カンボジア語のリズムを体得し、自信を持ってはっきり相手に聞こえるように言うのがコツです。

文　法

　系統的にはオーストロアジア語族のモン・クメール語派に属し、活用・曲用・格変化といった語形変化をもたず語順によって文法関係が表される孤立語に分類されます。基本語順は［主語＋述語＋補語］で、修飾語は被修飾語の後ろにおかれます。例えば「私」＋「食べる」＋「料理」＋「美味しい」と単語を並べると、「私は美味しい料理を食べる／食べた」という意味になります。活用や複数形を暗記するといった作業はいりませんので、初学者でも単語さえ分かればあとは語順の規則にしたがってどんどん文を作っていくことができます。男性名詞、女性名詞などの区別もありませんが、返事やあいづちに使われる「はい」という単語には男性用（ បាទ［バー(ト)］）と女性用（ ចាស［チャー］）があります。

文　字

　　カンボジアの文字は南インドの文字を改良させて作られたクメール文字で、古い歴史があります。クメール文字は表音文字であり、子音文字、二重子音の2番目に用いる脚文字、そしてその外側につける母音記号という3種を組み合わせて表記します。文章は横書きで左から右へ書きます。単語ごとにスペースをあけることなく続けて書きますが、日本語の「、」にあたる部分にはスペースをあけ、「。」には ។ の記号を用います。文字はしくみさえ覚えてしまえばあとは表と見比べながら読んだり書いたりすることができます。最初はまるで暗号のようにしか見えなかった配列がしだいに文字として見えてくる感動を味わえることもカンボジア語を学ぶ醍醐味のひとつではないでしょうか。本書では「文字と発音」のところでそのしくみを説明しています。

会話の学習にあたって

　　以上、カンボジア語の特徴を述べましたが、なにはともあれ会話で大切なのは「伝えようという意志」そして「分かり合おうという気持ち」です。多少の間違いは気にせずに、まずは声に出してカンボジア語を楽しんでください。機会があったらぜひカンボジア人とカンボジア語で話して彼らの大らかさやたくましさに触れていただけたらと思います。

ダイアローグの主な登場人物

ミカ
（日本人女性。小学校の先生をしています）

ソピアップさん
（NGO 職員のカンボジア人男性）

ソピアップさんの妻と息子

地図

- タイ
- ラオス
- アンコール遺跡
- シェムリアップ
- バッタンバン
- トンレサップ湖
- ストゥントレン
- メコン川
- ポーサット
- コンポントム
- クラチェ
- コンポンチュナン
- コンポンチャム
- プノンペン
- ベトナム
- カンポット
- コンポンソム
- タイランド湾
- 南シナ海

広域図
- 中国
- インド
- ミャンマー
- バングラデシュ
- ラオス
- タイ
- カンボジア
- ベトナム
- インドネシア
- マレーシア

ダイアローグで学んでみよう

មេរៀនទី១ / 1

私の名前はミカです

ខ្ញុំឈ្មោះមិកា

自己紹介をします

មិកា ជំរាបសួរលោកសុភាព។
ミカー　チョムリィーア(プ)・スーオ・ロー(ク)・ソピーア(プ)

　　　 ខ្ញុំឈ្មោះមិកា។
　　　 クニョム・チュモッ・ミカー

សុភាព បាទ ជំរាបសួរមិកា។
ソピーア(プ)　バー(ト)　チョムリィーア(プ)・スーオ・ミカー

　　　 សុខសប្បាយជាទេ?
　　　 ソ(ク)・サッバーイ・チーア・テー

មិកា ចាស សុខសប្បាយ។
ミカー　チャー　ソ(ク)・サッバーイ

ミカ　　　ソピアップさんはじめまして。
　　　　　私はミカと申します。
ソピアップ　はい、こんにちは。
　　　　　ご機嫌はいかがですか。
ミカ　　　はい、元気です。

១៦
ド(プ)・プラァム・ムーオイ

| ជំរាបសួរ チョムリィーア(プ)・スーオ | こんにちは |

朝昼夜いつでもこのជំរាបសួរ[チョムリィーア(プ)・スーオ]という挨拶が使えます。

| លោក ロー(ク) | ～さん |

លោក[ロー(ク)]は男の人の名前の前につける敬称です。

| ខ្ញុំឈ្មោះ～ クニョム・チュモッ | ～と申します |

「覚えるフレーズ」を見てください。

| សុខសប្បាយជាទេ? ソ(ク)・サッバーイ・チーア・テー | ご機嫌はいかが？ |

機嫌を尋ねています。質問なので、最後のទេ[テー]を上がり調子で言いましょう。「元気です」と答えるには、បាទ[バー(ト)]（男性）またはចាស[チャー]（女性）というあいづちのあとにសុខសប្បាយ[ソ(ク)・サッバーイ]やសុខសប្បាយជាទេ[ソ(ク)・サッバーイ・チーア・テー]と続けます。

សំពះ[ソンペアッ]（合掌）の種類

挨拶をするとき日本ではお辞儀をしますが、カンボジアではសំពះ[ソンペアッ]（合掌）をします。相手の地位が高いほど手を合わせる位置を高くします。

友人などへ　　年上の人や上司などへ　　両親、祖父母、先生などへ　　王、僧侶などへ　　神に祈るとき

いろいろな表現　挨拶のことば

挨拶のことばには、相手との関係や状況によっていろいろなバリエーションがあります。

出会ったとき

| ជំរាបសួរ | 「おはようございます／こんにちは／こんばんは」 |
| チョムリィーア(プ)・スーオ | 胸の前で合掌しながら言うととても丁寧です。 |

| ទៅណា? | 「どちらへ?」 |
| タウ・ナー | 外で知り合いに会ったときに。 |

| ញាំបាយហើយនៅ? | 「ご飯食べた?」 |
| ニャム・バーイ・ハウイ・ナウ | 挨拶代わりによくこう聞きます。 |

別れるとき

| ជំរាបលា | 「さようなら」 |
| チョムリィーア(プ)・リーア | とても丁寧な挨拶です。やはり合掌しながら言ってみましょう。 |

| លាហើយ | 「さようなら」 |
| リーア・ハウイ | 友達など親しい人へ。 |

| សុំទៅមុន | 「お先に失礼します」 |
| ソム・タウ・モン | 先にその場を去るときに。 |

その他の挨拶

| អរគុណ | 「ありがとう」 |
| オー・クン | |

| សុំទោស | 「すみません」「ごめんなさい」 |
| ソム・トーッ | |

| សួស្ដីឆ្នាំថ្មី | 「あけましておめでとうございます」 |
| スーオスダイ・チュナム・トゥマイ | カンボジアでは4月のカンボジア正月のほか、1月のインターナショナル正月や旧正月（中国正月）も祝われます。 |

この課のポイント

●基本的な人称代名詞

ខ្ញុំ	［クニョム］	「私」
អ្នក	［ネア(ク)］	「（一般的に）あなた」
លោក	［ロー(ク)］	「（男性へ）あなた」
គាត់	［コワ(ト)］	「彼」または「彼女」
យើង	［ユーン］	「私たち」

●呼びかけ

　相手を呼ぶには、上の人称代名詞の「あなた」以外にも相手との年齢的・立場的な関係によっていろいろなことばがありますので、適切なものを選んで呼びましょう。下の呼びかけのことばは、単独で使っても良いですし、相手の名前を後ろにつけて「〜さん」という敬称として用いることもできます。カンボジア人の名前は日本と同じく姓・名の順ですが、呼ぶときには目上の人に対しても名の方を使います。名前を短く略して呼ぶ場合、日本とは逆に名前の後半を残します。たとえば、ニアリーロアトさんであればロアト（さん）と呼ばれます。

លោក	［ロー(ク)］	男性へ
អ្នកស្រី	［ネア(ク)・スラァイ］	既婚女性へ
នាង	［ニーアン］	若い女性へ
លោកស្រី	［ロー(ク)・スラァイ］	目上の女性へ
បង	［ボーン］	兄や姉、年上の親しい人へ。恋人や夫婦間での男性へ
អូន	［オーン］	弟や妹、年下の親しい人へ。恋人や夫婦間での女性へ
លោកគ្រូ	［ロー(ク)・クルゥー］	男性の先生へ
អ្នកគ្រូ	［ネア(ク)・クルゥー］	女性の先生へ

ダイアローグで学んでみよう

មេរៀនទី 2

おいくつですか

អាយុប៉ុន្មាន?

Track 24 年齢を尋ねます

សុភាព　មិកា អាយុប៉ុន្មាន?
ソピア(プ)　ミカー・アーユ・ポンマーン

មិកា　ចាស ខ្ញុំអាយុ២៣ឆ្នាំ។
ミカー　チャー　クニョム・アーユ・ムペイ・バイ・チュナム

សុភាព　មិកាមានបងប្អូនប៉ុន្មាននាក់?
ソピア(プ)　ミカー・ミーアン・ボーン・プオン・ポンマーン・ネア(ク)

មិកា　មានប្អូនប្រុសម្នាក់។
ミカー　ミーアン・プオン・プロッ(ツ)・ムネア(ク)

ソピアップ　ミカはおいくつですか？
　　ミカ　23歳です。
ソピアップ　ご兄弟は？
　　ミカ　弟が1人います。

អាយុប៉ុន្មាន? アーユ・ポンマーン	おいくつですか

年齢を尋ねるときは、「～歳である」という意味の អាយុ [アーユ] の後ろに「いくつ」という数を尋ねる疑問詞の ប៉ុន្មាន [ポンマーン] をつけます。

អាយុ～ឆ្នាំ アーユ・～・チュナム	～歳です

年齢の言い方です。上と同じ អាយុ [アーユ] という語の後ろに年齢の数字を入れ、最後に「年、～歳」を意味する ឆ្នាំ [チュナム] をつけます（ឆ្នាំ [チュナム] をつけなくても通じます）。

មានបងប្អូនប៉ុន្មាននាក់? ミーアン・ボーン・ブオーン・ポンマーン・ネア(ク)	きょうだいは何人ですか

មាន [ミーアン] は「持っている」という意味の動詞で、その後ろに持っている物や人を言います。បង [ボーン]（年上のきょうだい）と ប្អូន [ブオーン]（年下のきょうだい）を合わせて「きょうだい」という意味になります。数を尋ねる ប៉ុន្មាន [ポンマーン] に「～人」という意味の នាក់ [ネア(ク)] をつけています。

មានប្អូនប្រុសម្នាក់ ミーアン・ブオーン・プロッッ・ムネア(ク)	弟が1人います

ប្អូន [ブオーン]（年下のきょうだい）＋ ប្រុស [プロッッ]（男）で「弟」の意味になります。「1人」は មួយ [ムーオイ]（1）＋ នាក់ [ネア(ク)]（～人）が短くなった ម្នាក់ [ムネア(ク)] を使います。

独立記念塔、プノンペン

いろいろな表現

カンボジア語の基本語順①：[主語＋述語＋補語]

カンボジア語の基本語順は、[主語＋述語＋補語]です。動詞が活用したり、日本語の「は」や「を」などにあたる語を使ったりせずに、単語を並べて文が作られます。

「私はカンボジア語を勉強します。」	ខ្ញុំរៀនភាសាខ្មែរ។ （私＋勉強する＋カンボジア語） クニョム・リーアン・ピアサー・クマエ
「私はシェムリアップに行きます。」	ខ្ញុំទៅសៀមរាប។ （私＋行く＋シェムリアップ） クニョム・タウ・スィーアム・リィーア(プ)

所有の表現

日本語の「ある」と「いる」は所有するものが無生物か生物かによって使い分けられますが、カンボジア語のមាន[ミーアン]の場合は人にも物にも使えます。

「私は母がいます。」	ខ្ញុំមានម្ដាយ។ （ម្ដាយ[ムダーイ]母） クニョム・ミーアン・ムダーイ
「私はペンを持っています。」	ខ្ញុំមានប៊ិច។ （ប៊ិច[ベ(チ)]ペン） クニョム・ミーアン・ベ(チ)

日本語と同様、言わなくても分かることは省略できます。

「ペンを持っています。」	មានប៊ិច។ ミーアン・ベ(チ)

カンボジア語の基本語順②：[被修飾語＋修飾語]

日本語とは逆に、修飾する語は修飾される語の後ろにおかれます。

「弟」	ប្អូនប្រុស （年下のきょうだい＋男） ブオーン・プロォッ
「大きな家」	ផ្ទះធំ （家＋大きい） プテアッ・トム
「大きな木の家」	ផ្ទះឈើធំ （家＋木＋大きい） プテアッ・チュー・トム

២២
ムペイ・ピー

●数字

カンボジア語の数字と読み方です。アラビア数字も使用されています。

			読み方				読み方
0	០	សូន្យ	[ソーン]	20	២០	ម្ភៃ	[ムペイ]
1	១	មួយ	[ムーオイ]	30	៣០	សាមសិប	[サームサ(プ)]
2	២	ពីរ	[ピー]	40	៤០	សែសិប	[サエサ(プ)]
3	៣	បី	[バイ]	50	៥០	ហាសិប	[ハーサ(プ)]
4	៤	បួន	[ブーオン]	60	៦០	ហុកសិប	[ホ(ク)サ(プ)]
5	៥	ប្រាំ	[プラァム]	70	៧០	ចិតសិប	[チャ(ト)サ(プ)]
6	៦	ប្រាំមួយ	[プラァム・ムーオイ]	80	៨០	ប៉ែតសិប	[パエ(ト)サ(プ)]
7	៧	ប្រាំពីរ	[プラァム・ピー]	90	៩០	កៅសិប	[カウサ(プ)]
8	៨	ប្រាំបី	[プラァム・バイ]	100	១០០	មួយរយ	[ムーオイ・ロォーイ]
9	៩	ប្រាំបួន	[プラァム・ブーオン]	1000	១០០០	មួយពាន់	[ムーオイ・ポワン]
10	១០	ដប់	[ド(プ)]	10000	១០០០០	មួយមឺុន	[ムーオイ・ムーン]

数字はこれらを組み合わせて大きな単位から順番に言います。

123 មួយរយ ម្ភៃ បី [ムーオイ・ロォーイ・ムペイ・バイ]
2014 ពីរពាន់ ដប់ បួន [ピー・ポワン・ド(プ)・ブーオン]
56000 ប្រាំមឺុន ប្រាំមួយពាន់ [プラァム・ムーン・プラァム・ムーオイ・ポワン]

家の前でくつろぐ姉妹

3

お仕事は？

ធ្វើការអីដែរ?

職業を尋ねます

មិកា　លោកធ្វើការអីដែរ?
ミカー　ロー(ク)・トゥヴー・カー・アイ・ダエ

សុភាព　ខ្ញុំជាបុគ្គលិកអង្គការក្រៅរដ្ឋាភិបាល។
ソピーア(プ)　クニョム・チーア・ボカル(ク)・オンカー・クラァウ・ロォタピバール

ចុះមិកាវិញ?
チョッ・ミカー・ヴニュ

មិកា　ខ្ញុំជាគ្រូបង្រៀននៅសាលាបឋមសិក្សា។
ミカー　クニョム・チーア・クルゥー・ボングリィーアン・ナウ・サラー・パトムサクサー

　　　　　(គ្រូបង្រៀន [クルゥー・ボングリィーアン] 教師)
　　　　　(សាលាបឋមសិក្សា [サラー・パトムサクサー] 小学校)

ミカ　お仕事は？
ソピアップ　NGO 職員です。
　　　　　　ミカは？
ミカ　小学校の教員をしています。

| ធ្វើការអីដែរ?
トゥヴー・カー・アイ・ダエ | お仕事は何ですか？ |

　「何」という疑問詞អី [アイ] を使った疑問文です。ធ្វើ [トゥヴー] は「する」、ការ [カー] は「仕事」という意味で、文字通りには「何の仕事をしていますか？」という質問です。最後のដែរ [ダエ] は「何」や「誰」といった疑問詞を使った疑問文の調子をやわらげる文末詞です。

| ខ្ញុំជាបុគ្គលិកអង្គការក្រៅរដ្ឋាភិបាល
クニョム・チーア・ボカル(ク)・オンカー・クラァウ・ロォタピバール | 私はNGO職員です |

　ជា～ [チーア・～] で「～である」という表現です。បុគ្គលិក [ボカル(ク)] は「職員、スタッフ」のことです。អង្គការក្រៅរដ្ឋាភិបាល [オンカー・クラァウ・ロォタピバール] とはNGOのことで、「組織＋外＋政府」という3語でできています。

| ចុះ～វិញ?
チョッ・～・ヴニュ | では～はどうですか？ |

　自分のことを話した後などに、「ではあなたはどうですか？」と会話をつなぐ表現です。～の部分に相手の名前を入れましょう。

| នៅ～
ナウ・～ | ～で |

　「～で、～に」と場所を表す前置詞です。

田植えする人々

ダイアローグで学んでみよう

いろいろな表現

「何」を使った疑問文

カンボジア語では、平叙文から語順を変えずに聞きたい部分をអ្វី[アィ]（何）やអ្នកណា[ネア(ク)・ナー]（誰）、មួយណា[ムーオイ・ナー]（どれ）などの疑問詞におきかえて疑問文を作ります。そのままでは詰問調なので、最後に文末詞のដែរ[ダエ]をおいて調子をやわらげます。អ្វី[アィ]（何）はអ្វី[アヴァイ]の短い形です。本書では、会話でよく使われるអ្វី[アィ]（何）に統一しました。

| 「何を買うの？／何を買ったの？」 | ទិញអ្វីដែរ?
テニュ・アイ・ダエ | （ទិញ[テニュ]買う） |

カンボジア語では過去のことでも現在のことでも未来のことでも述語が変化しません。文脈によって、または下に挙げたような日時を表す語を文頭に置くことでいつのことかが示されます。

先週	អាទិត្យមុន [アトゥ(ト)・モン]	(មុន[モン]先の、前の)
3日前	៣ថ្ងៃមុន [バイ・トゥガイ・モン]	
一昨日	ម្សិលម្ងៃ [ムサル・ムガイ]	
昨日	ម្សិលមិញ [ムサル・マニュ]	
昨夜	យប់មិញ [ヨ(プ)・マニュ]	+ ធ្វើអ្វីដែរ? トゥヴー・アイ・ダエ 「何をした？／何をする？」
今朝	ព្រឹកមិញ [プルゥ(ク)・マニュ]	
今	ឥឡូវនេះ [アイラウ・ニッ]	
今日	ថ្ងៃនេះ [トゥガイ・ニッ]	
明日	ថ្ងៃស្អែក [トゥガイ・スアエ(ク)]	
明後日	ខានស្អែក [カーン・スアエ(ク)]	
来週	អាទិត្យក្រោយ [アトゥ(ト)・クラアオイ]	

この課のポイント

Track 29 ●職業を言ってみましょう

ខ្ញុំជា【　　　】 = 私は【　　　】です
クニョム・チーア

会社員	អ្នកធ្វើការក្រុមហ៊ុន [ネア(ク)・トゥヴー・カー・クロォム・フン]
教師	គ្រូបង្រៀន [クルゥー・ボングリィーアン]
新聞記者	អ្នកកាសែត [ネア(ク)・カサエ(ト)]
エンジニア	វិស្វករ [ヴィスヴァコー]
医師	គ្រូពេទ្យ [クルゥー・ペー(ト)]
看護師	(男性) គិលានុបដ្ឋាក [キリアヌパター(ク)]
	(女性) គិលានុបដ្ឋាយិកា [キリアヌパタージカー]
商人	ពាណិជ្ជករ [ピアニッチャコー]
大工	ជាងឈើ [チーアン・チュー]
農家	កសិករ [カセコー]
歌手	អ្នកចម្រៀង [ネア(ク)・チョムリィーアン]
研究者	អ្នកស្រាវជ្រាវ [ネア(ク)・スラァウチュリィーアウ]
学生	និស្សិត [ニサ(ト)]
弁護士	មេធាវី [メー・ティアヴィー]
主婦	មេផ្ទះ [メー・プテアッ]
作家	អ្នកនិពន្ធ [ネア(ク)・ニポン]
ボランティア	អ្នកស្ម័គ្រចិត្ត [ネア(ク)・スマ(ク)・チャ(ト)]
理容師	ជាងកាត់សក់ [チーアン・カ(ト)・ソ(ク)]
美容師	ជាងអ៊ុតសក់ [チーアン・オ(ト)・ソ(ク)]

ダイアローグで学んでみよう

២៧
ムペイ・プラァム・ピー　27

មេរៀនទី៤

いくらですか

ថ្លៃប៉ុន្មាន?

ミカが靴屋に行きます

មិកា	ស្បែកជើងនេះ ថ្លៃប៉ុន្មាន?	
ミカー	スバエ(ク)・チューン・ニッ トライ・ポンマーン	
អ្នកលក់	១០ដុល្លារ។	
ネア(ク)・ロ(ク)	ド(プ)・ドッラー	
មិកា	ថ្លៃណាស់មីង ចុះថ្លៃបន្តិចបានទេ?	
ミカー	トライ・ナッ・ミーン チョッ トライ・ボンタ(チ)・バーン・テー	
អ្នកលក់	អោយប៉ុន្មាន?	
ネア(ク)・ロ(ク)	アオイ・ポンマーン	
មិកា	៦ដុល្លារបានទេ?	
ミカー	プラム・ムーオイ・ドッラー・バーン・テー	
អ្នកលក់	អត់បានទេ ប៉ុន្តែ៧ដុល្លារថ្កោះកំបាន។	
ネア(ク)・ロ(ク)	オ(ト)・バーン・テー ポンタエ・プラム・ピー・ドッラー・プラム・カ(ク)・バーン	

ミカ　この靴いくらですか？　　（ផ្កាក់ [プラム・カ(ク)] 0.5ドル）
店員　これは10ドル。
ミカ　高いわ、おばさん。少し安くできる？
店員　いくらにするの？
ミカ　6ドルは？
店員　だめだよ、でも7ドル半なら良いよ。

២៨
ムペイ・プラム・バイ

| ស្បែកជើងនេះ
スバエ(ク)・チューン・ニッ | この靴 |

　ស្បែកជើង[スバエ(ク)・チューン]は靴(「皮」+「足」の2語でできています)、នេះ[ニッ]は「これ」という近くにあるものを指す指示詞です。遠くにあるものにはនោះ[ヌッ](それ/あれ)を使います。

| ថ្លៃប៉ុន្មាន?
トライ・ポンマーン | いくらですか? |

　カンボジアでは一部のスーパーマーケット等を除き、買い物をするときには値段交渉をします。

| ថ្លៃណាស់មីង
トライ・ナッ・ミーン | 高いです |

　「(値段が)高い」という意味のថ្លៃ[トライ]の後に「とても」という意味のណាស់[ナッ]をつけて強調しています。最後のមីង[ミーン]は叔母という意味の親族名称ですが、このように、だいたい自分の叔母くらいの年齢の女性に向かって呼びかけるときにも使います。

| ~បានទេ?
~・バーン・テー | ~できる? |

　「~できる?」と尋ねる表現です。「少し値段を下げる」という意味のចុះថ្លៃបន្តិច[チョッ・トライ・ポンタ(チ)]につけて「少しまけてもらえませんか?」と、また、「6ドル」という意味のប្រាំមួយដុល្លារ[プラァム・ムーオイ・ドッラー]につけて「6ドルにできますか?」と使用されています。

| អត់បានទេ
オ(ト)・バーン・テー | だめです |

　「だめです」という否定の返事です。肯定の「良いです」はបាន[バーン]の1語です。

| ប៉ុន្តែ
ポンタエ | でも/しかし |

២៩
ムペイ・プラァム・ブーオン

29

いろいろな表現

Track 31 否定の表現

មិន／អត់　〜　ទេ [ムン／オ(ト)・〜・テー] ＝ 「〜しない」

　「行かない」や「食べない」などの否定表現は、否定の対象となる述語の前にមិន[ムン]あるいはអត់[オ(ト)]という否定辞をつけ、文末にទេ[テー]という文末詞をおきます。

「行きません。」	មិនទៅទេ ។	(ទៅ [タウ] 行く)
	ムン・タウ・テー	
「食べません。」	អត់ញាំទេ ។	(ញាំ [ニャム] 食べる)
	オ(ト)・ニャム・テー	

述語が「安い」や「難しい」などの形容詞の場合も同様です。

「安くないです。」	មិនថោកទេ ។	
	ムン・タオ(ク)・テー	
「難しくありません。」	អត់ពិបាកទេ ។	(ពិបាក [ピバー(ク)] 難しい)
	オ(ト)・ピバー(ク)・テー	

いろいろな形容詞①

(値段が)高い	ថ្លៃ [トライ]	安い	ថោក [タオ(ク)]
(高さが)高い	ខ្ពស់ [クポッ]	低い	ទាប [ティーア(プ)]
大きい	ធំ [トム]	小さい	តូច [トー(チ)]
暑い／熱い	ក្តៅ [クダウ]	寒い／冷たい	ត្រជាក់ [トロォチェア(ク)]
多い	ច្រើន [チュラァウン]	少ない	តិច [タ(チ)]
良い	ល្អ [ルオー]	悪い	អាក្រក់ [アクロォ(ク)]
美しい／可愛い	ស្អាត [スアー(ト)]	醜い	អាក្រក់មើល [アクロォ(ク)・ムール]

៣០
サームサ(プ)

この課のポイント

●接続のことば

でも／しかし／けど　　ប៉ុន្តែ [ポンタエ] また は តែ [タエ]

「そのかばんは可愛いけど高い。」

កាបូបនោះស្អាតប៉ុន្តែថ្លៃ។　　　　　　　（កាបូប [カボー（プ）] かばん）
カボー（プ）・ヌッ　スアー（ト）・ポンタエ・トライ

そして／〜して（〜する）　ហើយ [ハウイ]

「そのかばんは可愛くて安い。」

កាបូបនោះស្អាតហើយថោក។
カボー（プ）・ヌッ　スアー（ト）・ハウイ・タオ（ク）

「家に帰って寝る。」

ទៅផ្ទះហើយគេង។　　　　　　　　　　（គេង [ケーン] 寝る）
タウ・プテアッ・ハウイ・ケーン

だから　　ដូច្នេះ [ドーチュネッ]

「お金があるから高いかばんを買う。」

មានលុយដូច្នេះទិញកាបូបថ្លៃ។　　　　　　（លុយ [ロイ] お金）
ミーアン・ロイ・ドーチュネッ・テニュ・カボー（プ）・トライ

カンボジアのお金

カンボジアではリエル（រៀល [リィーアル]）と米ドル（ដុល្លារ [ドッラー]）の両方が使用されています。どちらも紙幣のみで、硬貨は使われません。市場の食材などはリエルで、電化製品や家賃など高額なものは米ドルでやり取りされることが多いようです。大体の場合1ドルは4000リエルとして換算されるので、例えば6000リエルのものを買うときには全てリエルで支払う以外に、1ドルと2000リエルを合わせて支払う方法もあります。日本円も銀行以外に町のあちこちにある両替商で手軽にドルやリエルに交換できます。ときどき ១រៀល [ムーオイ・リィーアル] とか ២រៀល [ピー・リィーアル] などと耳にすることもありますが、通常リエルの一番小さい単位は100リエルですので、それは1ドルや2ドルのことを言っているのです。

មេរៀនទី ៥

白と赤のどちらが良いですか

ចង់បានពណ៌សឬក្រហម?

電器屋に来ました

អ្នកលក់　បងស្រីរកអី?
ネア(ク)・ロ(ク)　ボーン・スラァイ・ロォー(ク)・アイ

មិកា　ខ្ញុំត្រូវការកង្ហារ។
ミカー　クニョム・トラァウ・カー・コンハル

（កង្ហារ [コンハル] 扇風機）

អ្នកលក់　អាមួយនេះរបស់កូរ៉េ។
ネア(ク)・ロ(ク)　アー・ムーオイ・ニッ・ロォボッ・コレェー

មិកា　បើកសាកមើលបានទេ?
ミカー　バウ(ク)・サー(ク)・ムール・バーン・テー

អ្នកលក់　បាន ចង់បានពណ៌សឬក្រហម?
ネア(ク)・ロ(ク)　バーン　チョン・バーン・ポワ・ソー・ルゥー・クロォホーム

មិកា　យកអាពណ៌ក្រហម។
ミカー　ヨーク・アー・ポワ・クロォホーム

店員　何をお探しですか？
ミカ　扇風機です。
店員　こちらは韓国のものですよ。
ミカ　試してみても良いですか？
店員　いいですよ。白と赤のどちらが良いですか？
ミカ　赤いのにします。

៣២
サームサ(ブ)・ピー

| រកអី្វ ロォーク・アイ | 何をお探しですか |

お店に入ると日本では「いらっしゃいませ」ですが、カンボジアでは រកអី្វ[ロォーク・アイ]（何をお探しですか）と声を掛けてきます。

| ត្រូវការ～ トラウ・カー・～ | ～が必要です |

店員に買うものを伝えるときこう言ってみましょう。

| អាម្យុយនេះរបស់កូរ៉េ アー・ムーオイ・ニッ・ロォボッ・コレェー | これは韓国のものです |

អានេះ[アー・ニッ]（これ）や អានោះ[アー・ヌッ]（あれ）というようにその場にあるものを指すときに便利な表現です。របស់[ロォボッ] は「物」という意味です。

| បើកសាកមីលបានទេ? バウ(ク)・サー(ク)・ムール・バーン・テー | 試してみても良いですか？ |

បើក[バウ(ク)] は「（電気を）つける」、សាកមីល[サー(ク)・ムール] は「試してみる」という意味です。

| ចង់បានពណ៌សឬក្រហម チョン・バーン・ポワ・ソー・ルゥー・クロォホーム | 白と赤のどちらが好きですか |

ចង់បាន[チョン・バーン] は「ほしい」という意味です。ស[ソー]（白）と ក្រហម[クロォホーム]（赤）の間の ឬ[ルゥー] が「それとも」という意味の語です。

| (សុំ)យក～ ソム・ヨー(ク)・～ | ～をください |

お店で「～をください」というときの表現です。សុំ[ソム]をつけると丁寧になります。

いろいろな表現

色ពណ៌[ポワ]の言い方

赤	ក្រហម[クロォホーム]	黒	ខ្មៅ[クマウ]
青	ខៀវ[キーアウ]	緑	បៃតង[バイトーン]
黄	លឿង[ルーアン]	紫	ស្វាយ[スヴァーイ]
白	ស[ソー]	桃	ផ្កាឈូក[プカー・チュー(ク)]

いろいろな電化製品

冷蔵庫
ទូទឹកកក
[トゥー・トゥ(ク)・コー(ク)]

クーラー
ម៉ាស៊ីនត្រជាក់
[マスィーン・トロォチェア(ク)]

テレビ
ទូរទស្សន៍[トゥールトゥッ]

パソコン
កុំព្យូទ័រ[コムピューター]

電話
ទូរស័ព្ទ[トゥールサ(プ)]

携帯電話
ទូរស័ព្ទដៃ[トゥールサ(プ)・ダイ]

洗濯機
ម៉ាស៊ីនបោកខោអាវ
[マスィーン・バオ(ク)・カオ・アーウ]

掃除機
ម៉ាស៊ីនបូមធូលី
[マスィーン・ボーム・トゥリー]

アイロン
ឆ្នាំងអ៊ុត[チュナン・オ(ト)]

CDプレーヤー
ម៉ាស៊ីនចាក់ស៊ីឌី
[マスィーン・チャ(ク)・スィディー]

国 ប្រទេស[プロォテッ] の言い方

日本	ជប៉ុន[チャポン]
タイ	ថៃ[タイ]
ベトナム	វៀតណាម[ヴィエ(ト) ナーム]
ラオス	ឡាវ[ラーウ]
ミャンマー	ភូមា[プミーア]
中国	ចិន[チャン]
韓国	កូរេខាងត្បូង[コレェー・カーン・トゥボーン]
アメリカ	អាមេរិក[アメリィ(ク)]
フランス	បារាំង[バラァン]
イギリス	អង់គ្លេស[オンクレーッ]
ドイツ	អាឡឺម៉ង់[アルモン]

「私は日本から来ました。」
ខ្ញុំមកពីជប៉ុន។　（មក[モー(ク)] 来る、ពី[ピー] 〜から）
クニョム・モー(ク)・ピー・チャポン

「明日、タイに行きます。」
ស្អែកទៅថៃ។
スアエ(ク)・タウ・タイ

មេរៀនទី ៦

美味しそう

គួរអោយចង់ញ៉ាំ

ミカが友人と甘味の屋台に来ました

មិត្តភ័ក្ត	មិកាចង់ញ៉ាំបង្អែមមួយណា?	(បង្អែម [ボンアエム] 甘味)
ム(ト)・ペア(ク)	ミカー・チョン・ニャム・ボンアエム・ムーオイ・ナー	
មិកា	អាមួយនេះធ្វើពីអី?	
ミカー	アー・ムーオイ・ニッ・トゥヴー・ピー・アイ	
មិត្តភ័ក្ត	ធ្វើពីចេក ហៅថាចេកខ្ទិះ។	(ចេក [チェー(ク)] バナナ)
ム(ト)・ペア(ク)	トゥヴー・ピー・チェー(ク)　ハウ・ター・チェー(ク)・クティッ	(ខ្ទិះ [クティッ] ココナツミルク)
មិកា	មើលទៅគួរអោយចង់ញ៉ាំណាស់។	
ミカー	ムール・タウ・クーオ・アオイ・チョン・ニャム・ナッ	
មិត្តភ័ក្ត	អញ្ចឹងញ៉ាំអាមួយហ្នឹងចុះ។	
ム(ト)・ペア(ク)	オンチャン・ニャム・アー・ムーオイ・ヌン・チョッ	

(ហ្នឹង [ヌン] まさにこの、まさにその)

友人　ミカ、どれを食べる？
ミカ　これは何でできているの？
友人　バナナよ、チェーク・クティッ(バナナのココナツミルク煮)と言うの。
ミカ　とっても美味しそう。
友人　じゃあそれにしなよ。

មួយណា ムーオイ・ナー	どれ

មួយ[ムーオイ]（1）をណា[ナー]（どの）で修飾して「どの1つ」すなわち「どれ」です。

ធ្វើពី～ トゥヴー・ピー～	～から作る、～でできている

材料や原料の言い方です。「作る」という動詞ធ្វើ[トゥヴー]+「～から」という意味の前置詞ពី[ピー]+材料・原料名で表します。

ហៅថា～ ハウ・ター	～と呼ぶ

「～と言う」「～と呼ぶ」などの「と」にあたるのがថា[ター]です。ថា[ター]だけで「言う」という動詞にもなり、គាត់ថា～[コワ(ト)・ター・～]（彼は～と言った）のように使います。

មើលទៅគួរអោយចង់ញ៉ាំណាស់ ムール・タウ・クーオ・アオイ・チョン・ニャム・ナッ	とっても美味しそう

មើលទៅ[ムール・タウ]は「見たところ～のようだ」という意味です。គួរអោយ[クーオ・アオイ]（～に値する）の後にចង់ញ៉ាំណាស់[チョン・ニャム・ナッ]（とても食べたい）で「とても食べたい気持ちに値する」、つまり「とても美味しそう」となります。

អញ្ចឹង～ចុះ オンチャン・チョッ	じゃあ～しなよ

អញ្ចឹង[オンチャン]は「それなら」、ចុះ[チョッ]は「～したらいいよ」という文末詞として使われています。

いろいろな表現

Track 37 飲食に関する表現

「おなかが空いた。」	ឃ្លានបាយ។ クリーアン・バーイ	
「のどが渇いた。」	ស្រេកទឹក។ スレー(ク)・トゥ(ク)	(ទឹក [トゥ(ク)] 水)
「おなかがいっぱい。」	ឆ្អែតហើយ។ チュアエ(ト)・ハウイ	
「もっと食べる？」	ញ៉ាំទៀតទេ? ニャム・ティーア(ト)・テー	(ទៀត [ティーア(ト)] もっと)
「もうおしまいにします。」	ឈប់ហើយ។ チョ(プ)・ハウイ	(ឈប់ [チョ(プ)] やめる)

いろいろな形容詞②

新しい	ថ្មី [トゥマイ]	古い	ចាស់ [チャッ]
若い	ក្មេង [クメーン]	年をとった	ចាស់ [チャッ]
太っている	ធាត់ [トワ(ト)]	痩せている	ស្គម [スコーム]
遠い	ឆ្ងាយ [チュガーイ]	近い	ជិត [チュ(ト)]
(時間が)長い	យូរ [ユー]	(時間が)早い	ឆាប់ [チャ(プ)]
(長さが)長い	វែង [ヴェーン]	(長さが)短い	ខ្លី [クライ]

川沿いの遊歩道

38
サームサ(プ)・プラム・バイ

この課のポイント

●願望：「〜したい」

ចង់ [チョン] の後ろに動詞を置いて「〜したい」という願望を表します。

「日本に行きたい。」　　ចង់ទៅជប៉ុន។
　　　　　　　　　　　チョン・タウ・チャポン

「参加したい。」　　　　ចង់ចូលរួម។　　（ចូលរួម [チョール・ルゥーオム] 参加する）
　　　　　　　　　　　チョン・チョール・ルゥーオム

「かばんがほしい。」　　ចង់បានកាបូប។　　（បាន [バーン] 得る）
　　　　　　　　　　　チョン・バーン・カボー(プ)

●គួរអោយ [クーオ・アオイ]（〜に値する）を使った表現

គួរអោយ クーオ・アオイ ＋	ចង់ញ៉ាំ（食べたい） チョン・ニャム	⇒	美味しそう
	ស្រឡាញ់（愛する） スロォラニュ	⇒	可愛い
	សប្បាយ（楽しい） サッパーイ	⇒	楽しそう
	សរសើរ（ほめる） ソサウ	⇒	素晴らしい
	អាណិត（憐れむ） アナ(ト)	⇒	かわいそう
	ខ្លាច（恐れる） クラー(チ)	⇒	怖い
	ឆ្ងល់（疑う） チュゴル	⇒	不思議だ

៣៩
サームサ(プ)・プラァム・ブーオン

មេរៀនទី ៧

忙しくて行けないわ

ខ្ញុំជាប់រវល់ អត់បានទៅទេ

ミカが友人と話しています

មិត្តភក្តិ　មិកាទៅមើលកុនជាមួយខ្ញុំទេ?　　　(កុន [コン] 映画)
ム(ト)・ペア(ク)　ミカー・タウ・ムール・コン・チーア・ムーオイ・クニョム・テー

មិកា　ខ្ញុំជាប់រវល់ អត់បានទៅទេ។
ミカー　クニョム・チョワ(プ)・ロヴォル　オ(ト)・バーン・タウ・テー

មិត្តភក្តិ　រវល់ធ្វើអី?
ム(ト)・ペア(ク)　ロヴォル・トゥヴー・アイ

មិកា　ត្រូវសរសេររបាយការណ៍ផ្ញើទៅជប៉ុន។
ミカー　トラウ・ソセー・ロォバイカー・プニャウ・タウ・チャポン

友人　ミカ、映画観に行かない？
ミカ　忙しくて行けないわ。
友人　何があるの？
ミカ　日本に送る報告書を書かなきゃならないの。

~ជាមួយខ្ញុំទេ? ~・チーア・ムーオイ・クニョム・テー	私と一緒に~しませんか？

お誘いの表現です。ជាមួយ~［チーア・ムーオイ・~］は「~と一緒に」という意味で、ទេ［テー］は文末詞です。

ខ្ញុំជាប់រវល់ អត់បានទៅទេ クニョム・チョワ(プ)・ロォヴォル　オ(ト)・バーン・タウ・テー	忙しくて行けないわ

断りの表現です。ជាប់រវល់［チョワ(プ)・ロォヴォル］（忙しい）のでអត់បានទៅទេ［オ(ト)・バーン・タウ・テー］（行けない）と、日本語と同じ順序で言えば良いでしょう。ただし、日本語の「て」にあたる接続のことばは必要ありません。ここでのបាន［バーン］は「（予定が合って）~できる」という意味です。

ត្រូវសរសេររបាយការណ៍ផ្ញើទៅជប៉ុន トラァウ・ソセー・ロォバイカー・プニャウ・タウ・チャポン	日本に送る報告書を書かなきゃならないの

ត្រូវ［トラァウ］は「~する必要がある」。សរសេរ［ソセー］は「書く」という動詞で、後ろに目的語がきます。របាយការណ៍［ロォバイカー］は「報告書、レポート」のことで、ផ្ញើ［プニャウ］は「送る」という動詞です。ទៅ［タウ］は「行く」という意味の動詞ですが、ここでは「~へ」という方向を表す前置詞的に使われています。

托鉢のお坊さんの
お経を聞く

●「～しに行く」「～しに来る」

ទៅ[タウ]（行く）やមក[モー(ク)]（来る）は、後ろにその目的を表す動詞をおいて、「～しに行く」や「～しに来る」という意味になります。動詞が2つ連続する形になりますが、両者の間には接続のための語は必要ありません。

「食べに行く／食べに行った」　　ទៅញ៉ាំ[タウ・ニャム]

「遊びに来る／遊びに来た」　　មកលេង[モー(ク)・レーン]　　（លេង[レーン]遊ぶ）

●「はい」か「いいえ」かを問う疑問文

「～ですか」と肯定か否定かを問う疑問文は、平叙文の語順を変えずに文末にឬទេ[ルゥー・テー]、ឬ[ルゥー]、ទេ[テー]といった文末詞を付加して作ります。どの文末詞かによって、その質問のニュアンスが違います。

ឬទេ[ルゥー・テー]　　純粋に「はい」か「いいえ」かを尋ねる場合

「お酒を飲むのが好きですか？」　　ចូលចិត្តញ៉ាំស្រាឬទេ?（ចូលចិត្ត[チョール・チャ(ト)]好む）
　　　　　　　　　　　　　　　チョール・チャ(ト)・ニャム・スラァー・ルゥー・テー
　　　　　　　　　　　　　　　　　　　　　　　　　（ស្រា[スラァー]お酒）

ឬ[ルゥー]　　見たり聞いたりしたことについて驚きや意外な気持ちがある場合

「お酒を飲むのが好きなの?!」　　ចូលចិត្តញ៉ាំស្រាឬ?
　　　　　　　　　　　　　　　チョール・チャ(ト)・ニャム・スラァー・ルゥー

ទេ[テー]　　相手に何かをすすめたり、「～なんですよね」と確認を示す場合

「お酒を飲みませんか？」　　ញ៉ាំស្រាទេ?
　　　　　　　　　　　　　ニャム・スラァー・テー

「お酒を飲むのが好きですよね？」　　ចូលចិត្តញ៉ាំស្រាទេ?
　　　　　　　　　　　　　　　　　チョール・チャ(ト)・ニャム・スラァー・テー

●カンボジア語の文末詞

疑問表現に使用したもの以外にもよく使う文末詞があります。

ចុះ[チョッ] 「〜したら」「〜しなよ」と相手のしたがっていることに優しく背中を押してあげます。
（第6課に出てきました）

「お行きなさい。」　　　ទៅចុះ។
　　　　　　　　　　　タウ・チョッ

ទៀត[ティーア(ト)] 「さらに」や「再び」の意味を表します。

「もっと食べたい。」　　ចង់ញាំទៀត។
　　　　　　　　　　　チョン・ニャム・ティーア(ト)

ផង[ポーン] 強いお願いを表します。2つの語句を「AだしBだし」と並べるときにも使います。

「助けて。」　　　　　ជួយផងា។　　　（ជួយ[チューオイ] 助ける）
　　　　　　　　　　　チューオイ・ポーン

「怖くもあるし嬉しくもある。」　ភ័យផងអរផង។　　（ភ័យ[ペイ] 怖い）
　　　　　　　　　　　ペイ・ポーン・オー・ポーン　　（អរ[オー] 嬉しい）

សិន[サン] 「まずは、とりあえず」

「とりあえず様子をみよう。」　ចាំមើលសិន។　　（ចាំ[チャム] 待つ）
　　　　　　　　　　　チャム・ムール・サン

សោះ[ソッ] 「全然（〜ない）」

「全然疲れていない。」　មិនហត់សោះ។
　　　　　　　　　　　ムン・ホ(ト)・ソッ

〜ក៏[コー]・・・ដែរ[ダエ] 「〜も・・・だ」という文で使います。

「私も行きます。」　　ខ្ញុំក៏ទៅដែរ។
　　　　　　　　　　　クニョム・コー・タウ・ダエ

សែសា(ប)・バイ　43

8

家はどこですか

ផ្ទះលោកនៅឯណា

ソピアップさんの家に行くことになりました

មិកា ផ្ទះលោកនៅឯណា？
ミカー　プテアッ・ロー(ク)・ナウ・アエ・ナー

សុភាព ផ្ទះខ្ញុំនៅមុខបណ្ណាគារបាយ័ន។（បណ្ណាគារ[ボンナキーア]本屋）
ソピア(プ)　プテアッ・クニョム・ナウ・モ(ク)・ボンナキーア・バヨワン

បើមានពេល
バウ・ミーアン・ペール

ស្អែកអញ្ជើញទៅលេងផ្ទះខ្ញុំ។
スアエ(ク)・オンチューニュ・タウ・レーン・プテアッ・クニョム

មិកា ចាស អរគុណ។
ミカー　チャー　オー・クン

អញ្ចឹងស្អែកពេលថ្ងៃខ្ញុំទៅលេង។
オンチャン・スアエ(ク)・ペール・トゥガイ・クニョム・タウ・レーン

ミカ　お宅はどこですか？
ソピアップ　バイヨンの本屋の前です。
　　　　　　時間があったら
　　　　　　明日遊びに来てください。
ミカ　ありがとうございます。
　　　では明日のお昼に伺います。

44
សែសា(ប)・ប៊ូអន
サエサ(プ)・ブーオン

| ~នៅឯណា?
~・ナウ・アエ・ナー | ~はどこですか？ |

　នៅ[ナウ]は「~にある」という所在を表す動詞です。第3課では「~で」という場所を表す前置詞として使われていました。ឯណា[アエ・ナー]は、ឯ[アエ]（場所）をណា[ナー]（どの）で修飾しているので「どこ」という意味になります。

| បើមានពេល
バウ・ミーアン・ペール | 時間があったら |

　បើ[バウ]は「もし~なら」と仮定節を導きます。ពេល[ペール]は「時間」なので、មានពេល[ミーアン・ペール]は「時間がある」という意味です。

| អញ្ជើញ~
オンチューニュ | どうぞ~してください |

　丁寧なお誘いの文の文頭に用います。

| ពេលថ្ងៃ
ペール・トゥガイ | お昼に |

　「朝」はព្រឹក[プルゥ(ク)]、「昼」はថ្ងៃ[トゥガイ]、「夕方」はល្ងាច[ルギーア(チ)]、「夜」は[ヨ(プ)]です。

地方の風景

いろいろな表現

時間の表現

ពេល[ペール] には「時間」という意味があります。

「時間がない」	គ្មានពេល[クミーアン・ペール]	（គ្មាន[クミーアン]ない）
「ときどき」	ពេលខ្លះ[ペール・クラッ]	（ខ្លះ[クラッ]いくつかの）

ពេល[ペール] を使って「〜するとき」「〜したとき」という節を作ることができます。

「小さいとき、私は東京に住んでいました。」

ពេលនៅតូច ខ្ញុំនៅតូក្យូ។
ペール・ナウ・トー(チ)・クニョム・ナウ・トーキョー

命令表現

命令表現は、述語をそのままの形で言うだけです。

「出て行く。」	ចេញទៅ។[チェニュ・タウ]	（ចេញ[チェニュ]出る）
「出て行け。」	ចេញទៅ។[チェニュ・タウ]	

丁寧にする場合には文頭に សុំ[ソム] をつけます。

「カンボジア語を教えてください。」

សុំបង្រៀនភាសាខ្មែរ។
ソム・ボングリィーアン・ピアサー・クマエ

（បង្រៀន[ボングリィーアン]教える）

この課の会話のように「どうぞ〜してください」と勧めるときには សូម[ソーム] や អញ្ជើញ[オンチューニュ] を使います。2つ一緒に使うとさらに丁寧です。

「こちらにいらしてください。」

សូមអញ្ជើញមកទីនេះ។
ソーム・オンチューニュ・モー(ク)・ティー・ニッ

（ទីនេះ[ティー・ニッ]ここ）

「どうぞお召し上がりください。」

សូមអញ្ជើញពិសា។
ソーム・オンチューニュ・ピサー

（ពិសាは「食べる」の敬語）

46
សែសិប（ប）・プラアム・ムーオイ

この課のポイント

●カンボジア語の「行く」と「来る」

　カンボジア語の「行く」はទៅ [タウ] で「来る」はមក [モー(ク)] ですが、実は日本語とは少し違いがあります。例えば相手を家に招待する場合、日本語では話し手がどこにいても「私のうちに遊びに来てね」というように「来る」の方を使いますが、カンボジア語では話し手が自宅にいて（電話などで）誘う場合はមក [モー(ク)] を使いますが、話し手が自宅以外の場所で発話している場合にはទៅ [タウ] の方を使います。

　　自宅にいるとき「私の家に遊びに来て。」　　មកលេងផ្ទះខ្ញុំ។
　　　　　　　　　　　　　　　　　　　　　　モー(ク)・レーン・プテアッ・クニョム

　　自宅外にいるとき「私の家に遊びに来て。」　ទៅលេងផ្ទះខ្ញុំ។
　　　　　　　　　　　　　　　　　　　　　　タウ・レーン・プテアッ・クニョム

　つまり、あくまで話をしている場所から離れた場所へ向かうのがទៅ [タウ] で、話をしている場所へ来る移動がមក [モー(ク)] で表されるということです。したがって、「家に帰る」もカンボジア語ではទៅផ្ទះ [タウ・プテアッ] と言います。

●位置関係と方角

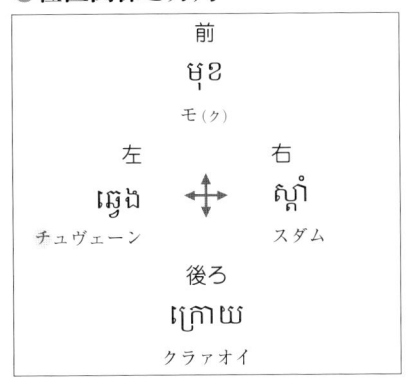

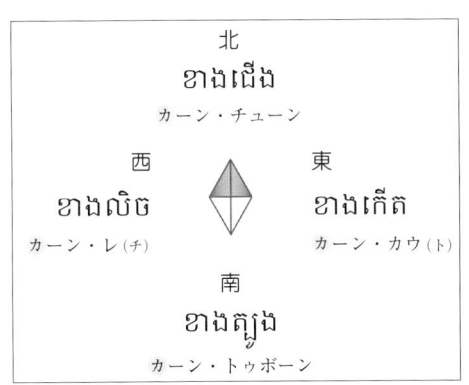

	前 មុខ モ(ク)	
左 ឆ្វេង チュヴェーン	✦	右 ស្ដាំ スダム
	後ろ ក្រោយ クラァオイ	

	北 ខាងជើង カーン・チューン	
西 ខាងលិច カーン・レ(チ)	◆	東 ខាងកើត カーン・カウ(ト)
	南 ខាងត្បូង カーン・トゥボーン	

「左に曲がる。」

បត់ឆ្វេង។

ボ(ト)・チュヴェーン

「東へ行く。」

ទៅខាងកើត។

タウ・カーン・カウ(ト)

៤៧　47
サエサ(プ)・プラァム・ピー

9

面白いよ

ល្អមើលណាស់

ミカがソピアップさんの息子に尋ねます

មិកា	អូនអានសៀវភៅអី？
ミカー	オーン・アーン・スィアウパウ・アイ
កូនសុភាព	សៀវភៅរឿង"ពស់កេងកង"។
コーン・ソピーア(プ)	スィアウパウ・ルーアン・ポッ・ケーン・コーン
មិកា	ល្អមើលទេ？
ミカー	ルオー・ムール・テー
កូនសុភាព	បាទ ល្អមើលណាស់។
コーン・ソピーア(プ)	バー(ト)　ルオー・ムール・ナッ
	បងចង់អានទេ？
	ボーン・チョン・アーン・テー
	ខ្ញុំឲ្យបងខ្ចី។
	クニョム・アオイ・ボーン・クチャイ

ミカ	君、何の本を読んでいるの？
ソピアップの息子	「ケンコーン蛇」だよ。
ミカ	面白い？
ソピアップの息子	うん、面白いよ。
	お姉さん読みたい？
	貸してあげるよ。

៤៨
サエサ(プ)・プラアム・バイ

អានសៀវភៅ アーン・スィアウパウ	本を読む

អាន[アーン]は「読む」、សៀវភៅ[スィアウパウ]は「本」です。「本を書く」はសរសេរសៀវភៅ[ソセー・スィアウパウ]となります。

រឿង"ពស់កេងកង" ルーアン・ポッ・ケーン・コーン	「ケンコーン蛇」の話

រឿង[ルーアン]は「話」や「物語」という意味です。"ពស់កេងកង"[ポッ・ケーン・コーン]（ケンコーン蛇）というのはカンボジアで皆に親しまれている民話の一つです。ពស់[ポッ]は「蛇」のことで、កេងកង[ケーン・コーン]はこの民話に出てくる蛇の名前です。このようにカンボジアの民話には、人間だけではなく動物が登場して活躍する話も多くあります。

ល្អមើលទេ? ルオー・ムール・テー	面白い？

ល្អមើល[ルオー・ムール]は分解すると「良い」+「見る」という語句ですが、「（見たり読んだりして）面白い」という慣用表現として覚えましょう。

ខ្ញុំអោយបងខ្ចី クニョム・アオイ・ボーン・クチャイ	貸してあげるよ

「អោយ[アオイ]＋人＋動詞」で「（人）に～させる」という使役の表現です。ខ្ចី[クチャイ]が「借りる」という動詞なので、「お姉さん（បង[ボーン]）」に「貸してあげる」という意味になります。

トゥクトゥクからの眺め

いろいろな表現

使役表現

「～させる」という使役の表現は、ឱ្យ[アオイ]を使って作ります。ឱ្យ[アオイ]はもともと「与える」という意味の動詞で、「ឱ្យ[アオイ]＋物＋人」の形で使います。

「子供に金をやる。」　ឱ្យលុយកូន។
アオイ・ロイ・コーン

（កូន[コーン]子供）

「私にちょうだい。」　ឱ្យខ្ញុំផង។
アオイ・クニョム・ポーン

使役の意味では、「ឱ្យ[アオイ]＋人＋動詞句」という形で使われます。

「子供を学校に行かせる。」　ឱ្យកូនទៅសាលារៀន។
アオイ・コーン・タウ・サラー・リィーアン

（សាលារៀន[サラー・リィーアン]学校）

また、ឱ្យ[アオイ]は「～なるように」という意味でも使われます。

「腹いっぱい食べる。」　ញ៉ាំឱ្យឆ្អែត។
ニャム・アオイ・チュアエ(ト)

「～し始める」と「～し終わる」

「～し始める」はចាប់ផ្ដើម～[チャ(プ)・プダウム・～]という表現を使います。

「読み始める。」　ចាប់ផ្ដើមអាន។
チャ(プ)・プダウム・アーン

反対に、「読み終わる」はអាន[アーン]（読む）＋ចប់[チョ(プ)]（終わる）という順になります。これは、読んで（その結果）終わったという構造です。

「読み終わる。」　អានចប់។
アーン・チョ(プ)

50
ហា៥០
ハーサ(プ)

●いろいろな動詞を覚えましょう

歩く	ដើរ [ダウ]
走る	រត់ [ロォ(ト)]
乗る	ជិះ [チッ]
勉強する	រៀន [リィーアン]
教える	បង្រៀន [ボングリィーアン]
寝る	ដេក [デー(ク)]
眠る	លក់ [ロ(ク)]
座る	អង្គុយ [オンクイ]
立つ	ឈរ [チョー]
笑う	សើច [サウ(チ)]
泣く	យំ [ヨム]
捨てる	ចោល [チャオル]
歌う	ច្រៀង [チュリィーアン]
聞く	ស្តាប់ [スダ(プ)]
尋ねる	សួរ [スーオ]
切る	កាត់ [カ(ト)]
着る	ពាក់ [ペア(ク)] ⇒（靴を）履く／（帽子を）かぶる／（装飾品を）つける、も。
履く	ស្លៀក [スリーア(ク)] ⇒ズボンやスカートを

51

10

今月が一番暑いのよ

ក្តៅជាងគេនៅខែហ្នឹង

ソピアップさんの奥さんに尋ねます

មិកា　ថ្ងៃនេះក្តៅមែនទែន!
　　　ミカー　トゥガイ・ニッ・クダウ・メーン・テーン

ប្រពន្ធសុភាព　ចាស ស្រុកខ្មែរក្តៅជាងគេនៅខែហ្នឹង។
ブロォポン・ソピーア(プ)　チャー　スロォ(ク)・クマエ・クダウ・チーアン・ケー・ナウ・カエ・ヌン
　　　　　　　　　(ស្រុកខ្មែរ [スロォ(ク)・クマエ] カンボジア)
　　　　　　　　　(ខែ [カエ] 暦の月)

មិកា　បងមុជទឹកប៉ុន្មានដងក្នុងមួយថ្ងៃ?
　　　ミカー　ボーン・モ(チ)・トゥ(ク)・ポンマーン・ドーン・クノン・ムーオイ・トゥガイ

ប្រពន្ធសុភាព　ច្រើនដងតើ។
ブロォポン・ソピーア(プ)　チュラァウン・ドーン・タウ

　　　　　ចុះនៅជប៉ុនវិញ?
　　　　　チョッ・ナウ・チャポン・ヴニュ

មិកា　មុជទឹកតែមួងទេ។
　　　ミカー　モ(チ)・トゥ(ク)・タエ・ムドーン・テー

ミカ　　　　　今日は本当に暑いですね。
ソピアップの妻　ええ、カンボジアは月が一番暑いのよ。
ミカ　　　　　一日に何回水を浴びますか?
ソピアップの妻　何回もよ。
　　　　　　　日本ではどう?
ミカ　　　　　一度だけですよ。

～មែនទែន！ ～・メーン・テーン	本当に～だこと！

驚嘆の表現です。「～」の部分に ស្អាត[スアート]（美しい）、គួរអោយស្រឡាញ់[クーオ・アオイ・スロォラニュ]（可愛い）などいろいろ入れて使ってみましょう。

～ជាងគេ ～・チーアン・ケー	一番～だ

ជាង～[チーアン・～] は「～よりも」という比較表現に使う語です。「一番～だ」というときは「他の人／物」を表す គេ[ケー] を後ろにおいて ជាងគេ[チーアン・ケー]「誰よりも／何よりも」とします。

មុជទឹកប៉ុន្មានដងក្នុងមួយថ្ងៃ？ モ(チ)・トゥ(ク)・ポンマーン・ドーン・クノン・ムーオイ・トゥガイ	一日に何回水を浴びますか？

回数を尋ねる言い方です。ប៉ុន្មាន[ポンマーン]（いくつ）の後に「～回」という単位 ដង[ドーン] を続けます。មុជទឹក[モ(チ)・トゥ(ク)] は「水浴びをする」「シャワーを浴びる」という動詞です。ក្នុង[クノン] は「～の中」という意味で មួយថ្ងៃ[ムーオイ・トゥガイ] は「一日」のことです。

ច្រើនដងតើ チュラァウン・ドーン・タウ	何回もよ

ច្រើន[チュラァウン]（たくさん）+ ដង[ドーン]（～回）で「何回も」という意味です。最後の តើ[タウ] は質問に答えるときに「～だよ」というニュアンスをつけ加えています。「行く」の ទៅ[タウ] とは発音が少し違います。[タ]と言ってから口の開きはそのままで[ウ]を添えます。

តែម្ដងទេ タエ・マドーン・テー	一度だけですよ

「1回」は មួយដង[ムーオイ・ドーン] ではなく ម្ដង[ムドーン] になります。តែ～ទេ[タエ・～・テー] は「～だけだ」という表現です。

●**比較表現**：「～よりも」
ជាង [チーアン] の後ろに比較される人や物を言います。

「カンボジアは日本より暑いです。」

ស្រុកខ្មែរក្តៅជាងជប៉ុន។

スロォ(ク)・クマエ・クダウ・チーアン・チャポン

言わなくても分かることは省略できるので、比較される物を省略して、ជាង [チーアン] で文を終わらせることもできます。

「カンボジアの方が暑いです。」

ស្រុកខ្មែរក្តៅជាង។

スロォ(ク)・クマエ・クダウ・チーアン

●**最上級の表現**：「一番～だ」
「一番おいしい」や「もっとも暑い」など、最上級を表すには、上の比較の表現を応用して ជាងគេ [チーアン・ケー] を使います。គេ [ケー] は「他の人／物」という意味の語です。

「一番美味しい。」

ឆ្ងាញ់ជាងគេ។

チュガニュ・チーアン・ケー

「一番きれいだ。」

ស្អាតជាងគេ។

スアー(ト)・チーアン・ケー

「一番愛している。」

ស្រឡាញ់ជាងគេ។

スロォラニュ・チーアン・ケー

●同じであることを言う表現

「同様だ」という意味のដូចគ្នា［ドー(チ)・クニーア］を使いましょう。

「同じ意味だ。」

មាននំយដូចគ្នា។　　　　　　　　　　　　（នំយ［ネイ］意味）
ミーアン・ネイ・ドー(チ)・クニーア

「彼と彼の息子は顔がそっくりだ。」　　　　　　　（និង［ヌン］〜と…）

គាត់និងកូនរបស់គាត់ មុខដូចគ្នា។　　　　　（មុខ［モ(ク)］顔）
コワ(ト)・ヌン・コーン・ロォボッ・コワ(ト)　モ(ク)・ドー(チ)・クニーア

数や量が「同等だ」という場合は［スマウ・クニーア］を使います。

「彼と私は歳が同じだ。」

គាត់និងខ្ញុំ អាយុស្មើគ្នា។
コワ(ト)・ヌン・クニョム　アーユ・スマウ・クニーア

●主題：「〜は」

何かについて話しますよ、という場合、その何かを主題と言います。日本語では「日本は山が多い」のように「〜は」で表されることが多いのですが、カンボジア語では文頭に置くことで主題を表します。

「この店はクイティオが美味しい。」

ហាងនេះគុយទាវឆ្ងាញ់។　　　　　　　　（ហាង［ハーン］店）
ハーン・ニッ・クイティーアウ・チュガニュ　（គុយទាវ［クイティーアウ］クイティオ）

クイティオ

55

11

カンボジア語がお上手ですね

និយាយខ្មែរច្បាស់ណាស់

ソピアップさんの奥さんがミカに尋ねます

ប្រពន្ធសុភាព　មិកានិយាយខ្មែរច្បាស់ណាស់។
ブロォポン・ソピーア(プ)　ミカー・ニジーアイ・クマエ・チュバッ・ナッ

រៀនភាសាខ្មែរប៉ុន្មានឆ្នាំហើយ?
リィーアン・ピアサー・クマエ・ポンマーン・チュナム・ハウイ

មិកា　រៀន២ឆ្នាំហើយ។
ミカー　リィーアン・ピー・チュナム・ハウイ

ប្រពន្ធសុភាព　ទើបតែ២ឆ្នាំសោះ:
ブロォポン・ソピーア(プ)　トゥー(プ)・タエ・ピー・チュナム・ソッ

រៀនម៉េចបាននាប់ចេះម្ល៉េះ?
リィーアン・マ(チ)・バーン・チャ(プ)・チェッ・ムレッ

មិកា　មកពីខ្ញុំឧស្សាហ៍និយាយភាសាខ្មែរ។
ミカー　モー(ク)・ピー・クニョム・ウッサー・ニジーアイ・ピアサー・クマエ

（ភាសា［ピアサー］言語）

ソピアップの妻	ミカはカンボジア語が上手ね。
	カンボジア語を何年間やったの？
ミカ	２年間です。
ソピアップの妻	たった２年間で
	どうやったらそんなに早くできるようになるの？
ミカ	カンボジア語をよく話すようにしています。

56　៥៦
ハーサ(プ)・ブラァム・ムーオイ

និយាយ~ច្បាស់	~語が上手ですね
ニジーアイ・~・チュバッ	

　外国語を話すのが上手だという表現です。ច្បាស់[チュバッ]は「はっきりしている」という意味です。ច្បាស់[チュバッ]のかわりに「流暢だ」という意味のឬ[ルゥー]を使うこともあります。「上手ではない」というときはនិយាយ[ニジーアイ](話す)ではなくច្បាស់[チュバッ]の方を否定します。
　「カンボジア語を話すのが上手ではありません。」

និយាយខ្មែរមិនច្បាស់ទេ។

ニジーアイ・クマエ・ムン・チュバッ・テー

ទើបតែ២ឆ្នាំសោះ	たった２年間だけで
トゥー(プ)・タエ・ピー・チュナム・ソッ	

　ទើបតែ~[トゥー(プ)・タエ・~]は「~したばかり」という意味です。សោះ[ソッ]は「全く(~ない)」という意味の文末詞ですが、ここではទើបតែ[トゥー(プ)・タエ]を強調しています。

រៀនម៉េចបានឆាប់ចេះម្ល៉េះ?	どう勉強したらそんなに早くできるようになるの？
リィーアン・マ(チ)・バーン・チャ(プ)・チェッ・ムレッ	

　ម៉េច[マ(チ)]は「どのように」、បាន~[バーン・~]は「~になる」、ឆាប់ចេះ[チャ(プ)・チェッ]は「早い」＋「習得する」で「早く習得する」、最後のម្ល៉េះ[ムレッ]は「そんなに」という意味です。

មកពី~	~だからだ
モー(ク)・ピー・~	

　មកពី~[モー(ク)・ピー・~]は「~から来る」という意味ですが、「~だからだ」というように理由を述べる表現にもなります。

いろいろな表現

頻度を表すことば

ダイアローグでは ឧស្សាហ៍~ [ウッサー・~]（よく~する）がでてきましたが、ほかにも頻度を表すことばがあります。

「いつも」	ជានិច្ច	[チーア・ネ(チ)]
「時々」	ពេលខ្លះ	[ペール・クラッ]
「たまに」	ម្ដងម្កាល	[ユー・ユー・ムドーン]
「定期的に」	ទៀងទាត់	[ティーアン・トワ(ト)]
「毎日」	រាល់ថ្ងៃ	[ロォワル・トゥガイ]　（រាល់~ [ロォワル・~] 毎~）
「週に一回」	មួយអាទិត្យម្ដង	[ムーオイ・アトゥ(ト)・ムドーン]
「年に一回」	មួយឆ្នាំម្ដង	[ムーオイ・チュナム・ムドーン]

ខ្ញុំទៅសាលារាល់ថ្ងៃ។　　私は毎日学校へ行きます。
クニョム・タウ・サラー・ロォワル・トゥガイ

通勤・通学者の行き交う
首都プノンペン

58
ハーサ(プ)・プラァム・バイ

この課のポイント

● 原因や理由の表現：「どうして？」と「〜だから」

「どうして」と理由や原因を尋ねるには、ហេតុអី[ハエ(ト)・アイ]やម៉េចកෝ[マ(チ)・コー]を文頭に持ってきます。ម៉េចកෝ[マ(チ)・コー]の方がより会話調です。

「なぜ彼は来ないの？」

ហេតុអីគាត់អត់មក?
ハエ(ト)・アイ・コワ(ト)・オ(ト)・モー(ク)

「どうしてそうなの？」

ម៉េចក៝អញ្ចឹង?
マ(チ)・コー・オンチャン

返答として理由や原因を述べるには、មកពី[モー(ク)・ピー]やពីព្រោះ[ピー・プロォッ]を使います。

「彼は用事があるからだよ。」

មកពី／ពីព្រោះ　គាត់មានការ។
モー(ク)・ピー／ピー・プロォッ　コワ(ト)・ミーアン・カー

● ឧស្សាហ៍[ウッサー]：「よく〜する」

ឧស្សាហ៍[ウッサー]の後ろに動詞をともなって「よく〜する」という表現で使います。

「よく行く」　　　ឧស្សាហ៍ទៅ
　　　　　　　　ウッサー・タウ

「よくニキビができる」ឧស្សាហ៍កើតមុន　（កើត[カウ(ト)]生じる）
　　　　　　　　ウッサー・カウ(ト)・モン　（មុន[モン]ニキビ）

ឧស្សាហ៍[ウッサー]は「勤勉な」という形容詞としても使います。「怠惰な」はខ្ជិល[クチュル]です。

「勤勉な人」　មនុស្សឧស្សាហ៍　　（មនុស្ស[モヌッ]人間）
　　　　　　モヌッ・ウッサー

「怠け者」　　មនុស្សខ្ជិល
　　　　　　モヌッ・クチュル

12

早いですね

ប្រញាប់ម្ល៉េះ

夕方になりました

មិកា ខ្ញុំគិតលាទៅវិញហើយ។
ミカー　クニョム・ク(ト)・リーア・タウ・ヴニュ・ハウイ

សុភាព ប្រញាប់ម្ល៉េះ។
ソピーア(プ)　プロォニャ(プ)・ムレッ

នៅញាំបាយផ្ទះខ្ញុំសិនទៅ។
ナウ・ニャム・バーイ・プテアッ・クニョム・サン・タウ

ល្ងាចនេះប្រពន្ធខ្ញុំធ្វើនំបញ្ចុក។
ルギーア(チ)・ニッ・プロォポン・クニョム・トゥヴー・ノム・ボンチョ(ク)

មិកា ចាស អរគុណច្រើន។
ミカー　チャー　オー・クン・チュラァウン

ミカ　　　　そろそろおいとまします。
ソピアップ　早いですね。
　　　　　　まずはうちでご飯を食べていってくださいよ。
　　　　　　今夜は妻がノムボンチョックを作るんです。
ミカ　　　　ありがとうございます。

ខ្ញុំគិតលាទៅវិញហើយ	そろそろおいとまします
クニョム・ク(ト)・リーア・タウ・ヴニュ・ハウイ	

គិត[ク(ト)]は「思う、考える」、លា[リーア]は「別れる」、ទៅវិញ[タウ・ヴニュ]は「帰る」という意味で、最後のហើយ[ハウイ]は完了を表す語です。

～ម្លេះ	～ですね
～・ムレッ	

ម្លេះ[ムレッ]は「そんなに」という意味です。「ずいぶん～ですね」や「そんなに～なの?!」という賞賛や驚きの気持ちを表すこともあります。実際の会話では脚文字のល[ロー]の音が抜けて単に「メッ」と聞こえることが多いです。

「ずいぶんきれいだね！」　ស្អាតម្លេះ！
　　　　　　　　　　　　スアー(ト)・ムレッ

「意地悪！」　　　　　　កាចម្លេះ！　　（កាច[カー(チ)] 意地悪な）
　　　　　　　　　　　　カー(チ)・ムレッ

～សិនទៅ	まずは～してよ
～・サン・タウ	

សិនは「まずは、とりあえず」という意味の文末詞です。ទៅ[タウ]は「行く」という動詞ですが、このように命令表現の文末において「～してよ、～しなよ」という意味でも使います。

នំបញ្ចុក	ノムボンチョック（料理名）
ノム・ボンチョ(ク)	

カンボジア料理の1つで、素麺のような麺に生野菜とスープやカレーをかけて食べます。

いろいろな表現

「早い」と「遅い」

この課の会話に出てきた ប្រញាប់ម្លេះ [プロォニャ(プ)・ムレッ]（早いですね）の ប្រញាប់ [プロォニャ(プ)] は「急ぐ」という意味です。

「急用があります。」	មានការប្រញាប់។
	ミーアン・カー・プロォニャ(プ)

「すぐ～する」という意味の「早い」には ឆាប់ [チャ(プ)] を使います。

「怒りっぽい（すぐ怒る）」	ឆាប់ខឹង។	（ខឹង [カン] 怒る）
	チャ(プ)・カン	
「早くして！」	ឆាប់ឡើង!	（ឡើង [ラウン] 上がる）
	チャ(プ)・ラウン	

スピードが「速い」のは លឿន [ルーアン] です。

「早く話す。」	និយាយលឿន។	
	ニジーアイ・ルーアン	
「時は金なり（時間は早く歩む）。」	ម៉ោងដើរលឿន។	（ម៉ោង [マオン] 時間）
	マオン・ダウ・ルーアン	

「遅い」はスピードについて言う場合も「遅れる」という場合も យឺត [ユー(ト)] を使います。

「ゆっくり歩く。」	ដើរយឺតៗ។	
	ダウ・ユー(ト)・ユー(ト)	
「彼は遅れてきた。」	គាត់មកយឺត។	
	コワ(ト)・モー(ク)・ユー(ト)	

៦២
ホ(ク)サ(プ)・ピー

> この課の
> ポイント

●完了表現：～ហើយ[~・ハウイ]

　文の終わりにហើយ[ハウイ]をつけると、「～してしまった」や「もう～した」というように、その動作が完了したことを表します。

「ご飯を食べました。」

ញាំបាយហើយ។
ニャム・バーイ・ハウイ

「彼はもう日本に帰りました。」

គាត់ទៅជប៉ុនវិញហើយ។
コワ(ト)・タウ・チャポン・ヴニュ・ハウイ

「もう先生にお会いしました。」

ជួបអ្នកគ្រូហើយ។
チューオ(プ)・ネア(ク)・クルー・ハウイ

「結婚しています。」

មានគ្រួសារហើយ។　（គ្រួសារ[クルーオサー] 家族）
ミーアン・クルーオサー・ハウイ

　厳密にはまだ完了していない場面でも、「もう～するよ」という意味で使用されます。

「もう行きます。」

ខ្ញុំទៅឥឡូវហើយ។
クニョム・タウ・アイラウ・ハウイ

「もう明日行きます。」

ស្អែកខ្ញុំទៅហើយ។
スアエ(ク)・クニョム・タウ・ハウイ

　P.31でも紹介しましたが、ហើយ[ハウイ]には、「そして」や「それから」という意味の接続詞としての用法もあります。

「彼はかっこよくてそれにお金も持っています。」

គាត់សង្ហាហើយមានលុយទៀត។　（សង្ហា[ソンハー] かっこいい）
コワ(ト)・ソンハー・ハウイ・ミーアン・ロイ・ティーア(ト)

៦៣
ホ(ク)サ(プ)・バイ

63

13

何時に仕事に行きますか？

តើទៅធ្វើការម៉ោងប៉ុន្មាន?

ソピアップさんに尋ねます

មិកា　តើរាល់ថ្ងៃលោកទៅធ្វើការម៉ោងប៉ុន្មាន?
ミカー　タウ・ロォワル・トゥガイ・ロー(ク)・タウ・トゥヴー・カー・マオン・ポンマーン

សុភាព　ជាធម្មតាម៉ោង៦កន្លះ។　　　（កន្លះ：[コンラッ] 〜時半）
ソピア(プ)　チーア・トワマダー・マオン・プラム・ムーオイ・コンラッ

មិកា　លោកជិះអីទៅធ្វើការ?
ミカー　ロー(ク)・チッ・アイ・タウ・トゥヴー・カー

សុភាព　ជិះឡានទៅ។
ソピア(プ)　チッ・ラーン・タウ

　　　ហើយខ្ញុំញ៉ាំគុយទាវតាមផ្លូវ។
　　　ハウイ・クニョム・ニャム・クイティーアウ・ターム・プラウ

មិកា　អញ្ចឹងហ្អា។
ミカー　オンチャン・オー

　　　ミカ　　　毎日何時にお仕事に行くんですか？
　ソピアップ　　普通、6時半だよ。
　　　ミカ　　　お仕事へは何で行ってるんですか？
　ソピアップ　　車だよ。
　　　　　　　　途中でクイティオを食べてるんだ。
　　　ミカ　　　そうなんですね。

តើ~? タウ・~	~ですか？

疑問文が始まることを特に示したいときは、文頭にតើ[タウ]を使います。「行く」のទៅ[タウ]とは別の語です。文末での使い方が第10課に出てきました。

ម៉ោងប៉ុន្មាន? ~・マオン・ポンマーン	何時に~しますか？

時刻を尋ねる言い方です。

ជាធម្មតា チーア・トワマダー	普通は

ជិះឡានទៅ チッ・ラーン・タウ	車で行く

ឡាន[ラーン]は「車」です。「(乗り物)で行く」という表現は、「~に乗る」＋「行く」という動詞句の連続で表します。

ញ៉ាំគុយទាវតាមផ្លូវ ニャム・クイティーアウ・ターム・プラウ	途中でクイティオを食べる

តាមផ្លូវ[ターム・プラウ]は道中でという意味です。クイティオは米でできた麺で、カンボジアの朝ごはんの定番の1つです。

អញ្ចឹងហ្ញ オンチャン・オー	そうなんですね

あいづちの1つ。聞いたことについて「そうなんですね」「なるほど」とうなずく言い方です。相手に何かを説明してもらって、それに納得したことを伝えるにはយល់ហើយ[ヨル・ハウイ]（分かりました）がぴったりです。

ダイアローグで学んでみよう

●「～時」と「～時間」

「～時」と時刻を表す場合と、「～時間」と時間の量を言う場合では ម៉ោង [マオン]と数字の位置が逆になります。

「～時」→ ម៉ោង [マオン] ＋数字	「～時間」→数字＋ ម៉ោង [マオン]
「7時」	「7時間」
ម៉ោង៧	៧ម៉ោង
マオン・プラァム・ピー	プラァム・ピー・マオン

時刻について言うときの「～分（នាទី [ニアティー]）」は「～分間」と同じく時間の量を表しますので数字が先になります。

「7時20分」　　ម៉ោង៧ ២០នាទី
　　　　　　　マオン・プラァム・ピー　ムペイ・ニアティー

「20分間」　　២០នាទី
　　　　　　ムペイ・ニアティー

「何時ですか？」　　ម៉ោងប៉ុន្មាន?
　　　　　　　　　マオン・ポンマーン

「12時半です。」　　ម៉ោង១២កន្លះ។
　　　　　　　　　マオン・ド(プ)・ピー・コンラッ

「～する時間だ」　　ដល់ម៉ោង～ហើយ
　　　　　　　　　ドル・マオン・～・ハウイ

～の部分に動詞句を入れると、「～する時間になった」という意味になります。ដល់ [ドル] はもともと「到着する」という意味です。

●「知る」や「分かる」

カンボジア語の「知る」や「分かる」といった認識を表す動詞にはいくつかの種類がありますので、使い分けに注意しましょう。

| យល់ [ヨル] | 内容を理解したという場合 |

ខ្ញុំយល់ចិត្តគាត់ច្បាស់លាស់។　　彼の心ははっきり分かります。
クニョム・ヨル・チャ(ト)・コワ(ト)・チバッ・ロワッ　（ចិត្ត [チャ(ト)] 心）
　　　　　　　　　　　　　　　　　　　（ច្បាស់លាស់ [チュバッ・ロワッ] はっきりと）

| ដឹង [ダン] | 内容を知っているという場合 |

ខ្ញុំដឹងដំណឹងនោះ។　　そのニュースを知っています。
クニョム・ダン・ドムナン・ヌッ

| ចេះ [チェッ] | 勉強や技術を習得しているという場合 |

ខ្ញុំចេះភាសាបារាំង។　　私はフランス語が分かります。
クニョム・チェッ・ピアサー・バラァン

| ស្គាល់ [スコワル] | 人や物を知っているという場合 |

ខ្ញុំស្គាល់លោកគ្រូនោះ។　　私はその先生を知っています。
クニョム・スコワル・ロー(ク)・クルゥー・ヌッ

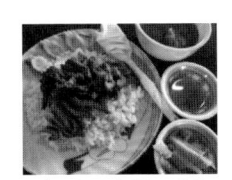

朝ごはんの定番のひとつ
「炭火焼豚肉のせご飯」

朝ごはんの習慣

カンボジアの朝は早く、仕事や学校の授業も朝7時くらいから始まることも普通です。朝ごはんは家でお粥に干し魚などを食べる人もいますし、外のレストランや屋台で済ませる人も多く、街は早くからとても賑やかです。

14

頭が痛いです

ឈឺក្បាល

ミカの顔色が悪くなりました

សុភាព	មិកាកើតអីហ្នឹង?
ソピーア(プ)	ミカー・カウ(ト)・アイ・ヌン
មិកា	ខ្ញុំដូចជាឈឺក្បាលបន្តិច។
ミカー	クニョム・ドー(チ)・チーア・チュー・クバール・ボンタ(チ)
សុភាព	អោយខ្ញុំជូនទៅពេទ្យ។
ソピーア(プ)	アオイ・クニョム・チューン・タウ・ペー(ト)
មិកា	មិនអីទេ។
ミカー	ムン・アイ・テー
សុភាព	ហេតុអី?
ソピーア(プ)	ハエ(ト)・アイ
មិកា	ពីព្រោះខ្ញុំមានថ្នាំយកមកពីជប៉ុន។
ミカー	ピー・プロォッ・クニョム・ミーアン・トゥナム・ヨー(ク)・モー(ク)・ピー・チャポン

(ជូន [チューン] （人を）送る)
(ពេទ្យ [ペー(ト)] 病院)
(ថ្នាំ [トゥナム] 薬)
(យក [ヨー(ク)] 持つ)

ソピアップ	ミカ、どうしたの？
ミカ	ちょっと頭が痛いような。
ソピアップ	病院に連れて行こうか。
ミカ	いえ大丈夫です。
ソピアップ	どうして？
ミカ	日本から持ってきた薬があるから。

៦៨
ហុ(ក)ស(ប)・プラアム・バイ

| កើតអីហ្នឹង？ | どうしたの？ |
| カウ(ト)・アイ・ヌン | |

កើត[カウ(ト)]は「生じる」という意味で、「何があったの？」とたずねる表現です。

| ដូចជា～ | ～ようだ |
| ドー(チ)・チーア・～ | |

「なんだか頭が痛いような気がする」というように、はっきりとは断定せずに述べる表現です。自分のことだけではなく、「あの子は楽しんでいるようだ」のように他人について言うこともできます。

| ឈឺ～ | ～が痛い |
| チュー・～ | |

後ろに痛む部位を言います。ឈឺ[チュー]は唇を丸めずに発音するのがポイントです。

| អោយខ្ញុំ～ | 私に～させてください |
| アオイ・クニョム・～ | |

使役を表すអោយ[アオイ]の後ろはまず人（ここではខ្ញុំ[クニョム]）、次に動詞句の順です。

| មិនអីទេ។ | 大丈夫です |
| ムン・アイ・テー | |

文字通りには「何でもない」という意味で、「大丈夫だ」という表現です。このように提案や申し出をやんわりと断るときにも使います。

昼寝するバイクタクシーの運転手

いろいろな表現

病気や怪我の表現

Track 61

ឈឺ~ [チュー・~]	～が痛い
ផ្តាសាយ [プダサーイ]	風邪を引く
របួស [ロォブーオッ]	怪我する
បាក់ឆ្អឹង [バ(ク)・チュアン]	骨折する
មានជំងឺ [ミーアン・チョムグー]	病気である

身体部位の言い方

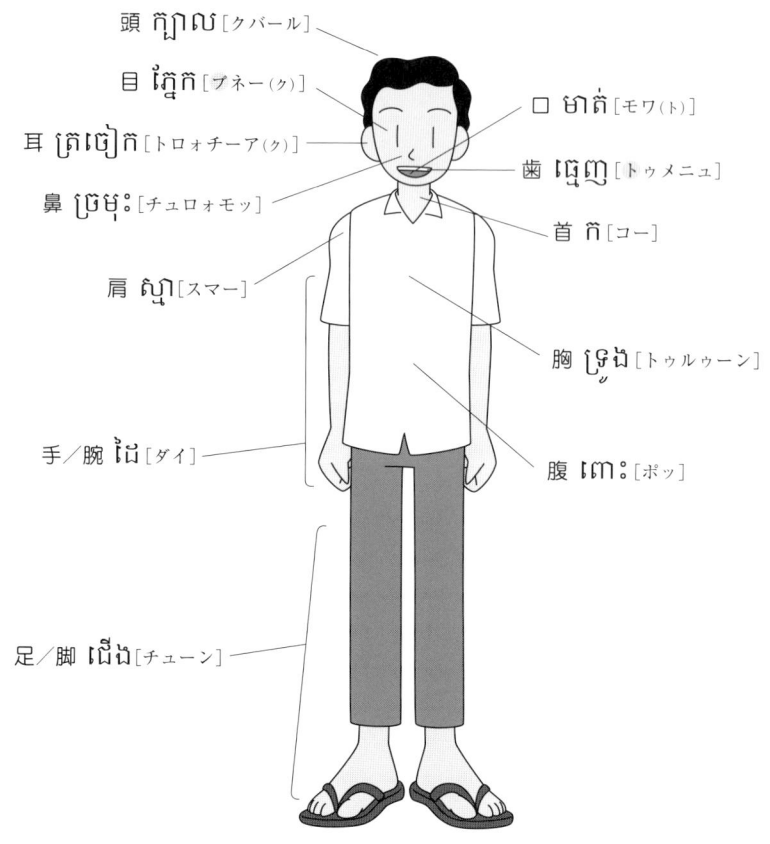

- 頭 ក្បាល [クバール]
- 目 ភ្នែក [プネー(ク)]
- 耳 ត្រចៀក [トロォチーア(ク)]
- 鼻 ច្រមុះ [チュロォモッ]
- 肩 ស្មា [スマー]
- 手／腕 ដៃ [ダイ]
- 足／脚 ជើង [チューン]
- 口 មាត់ [モワ(ト)]
- 歯 ធ្មេញ [トゥメニュ]
- 首 ក [コー]
- 胸 ទ្រូង [トゥルーン]
- 腹 ពោះ [ポッ]

この課のポイント

●受け入れと断りの表現

提案や申し出、あるいは頼み事を受け入れたり断ったりする返答の表現をまとめておきます。

「私が〜しましょうか」という提案や申し出

អោយខ្ញុំ〜
アオイ・クニョム・〜

返答のしかた

受け入れるとき	断るとき（男女共通）
（女性）ចាស អរគុណ។ チャー オー・クン （男性）បាទ អរគុណ។ バー(ト) オー・クン 「ありがとうございます。」	មិនអីទេ។ ムン・アイ・テー 「大丈夫です。」 មិនបាច់ទេ។ ムン・バ(チ)・テー 「その必要はないですよ。」

「〜してもらえますか」という頼み事

សូមមេត្តា〜បានទេ？
ソーム・メッター・〜・バーン・テー

返答のしかた

受け入れるとき	断るとき（男女共通）
（女性）ចាស មានអី។ チャー ミーアン・アイ （男性）បាទ មានអី។ バー(ト) ミーアン・アイ 「いいですよ。」	សុំទោស អត់បានទេ។ ソム・トーッ オ(ト)・バーン・テー 「ごめんなさい、だめです。」

15

番号違いですよ

ច្រឡំលេខហើយ

ミカの携帯電話が鳴ります

មិកា   អាឡូ
ミカー　アロー

បុរស   អាឡូ បងធារីឬ?
ボロッ　アロー　ボーン・ティアリィー・ルー

មិកា   មិនមែនទេ លោកច្រឡំលេខហើយ។
ミカー　ムン・メーン・テー　ロー(ク)・チュロォロム・レー(ク)・ハウイ

បុរស   សុំទោស តើអ្នកនាងឈ្មោះអី?
ボロッ　ソム・トーッ　タウ・ネア(ク)・ニーアン・チュモッ・アイ

មិកា   ខ្ញុំឈ្មោះមិកាជាជនជាតិជប៉ុន។ (ជនជាតិ [チョン・チア(ト)] ～人)
ミカー　クニョム・チュモッ・ミカー・チーア・チョン・チア(ト)・チャポン

បុរស   និយាយខ្មែរច្បាស់ណាស់ ស្មានថាជនជាតិខ្មែរ!
ボロッ　ニジーアイ・クマエ・チバッ・ナッ　スマーン・ター・チョン・チア(ト)・クマエ

　ミカ　　もしもし
　男の人　もしもし、ティアリーさんかい?
　ミカ　　違います。番号違いですよ。
　男の人　すみません、どなたですか?
　ミカ　　ミカという日本人です。
　男の人　カンボジア語がとても上手ですね、
　　　　　カンボジア人だと思いましたよ!

72

អាឡូ អាឡូ / アロー	もしもし

電話で使う「もしもし」です。フランス語からきています。

～ប? / ～・ルゥー	～さんですか？

相手を確認する表現です。

មិនមែនទេ / ムン・メーン・テー	違いますよ

「(…は)～ですか？」という質問への否定の答え方です。មែន[メーン]は「本当だ」という意味です。肯定の返事はហ្នឹងហើយ[ヌン・ハウイ](そうです)となります。

ច្រឡំលេខហើយ / チュロォロム・レー(ク)・ハウイ	番号違いですよ

ច្រឡំ[チュロォロム]は何かと何かを混同して間違えること、លេខ[レー(ク)]は番号のことです。間違い電話がかかってきたらこう言いましょう。

សុំទោស / ソム・トーッ	ごめんなさい

謝るときだけではなく、「ちょっとすみません」と話しかけるときにも使います。

ស្មានថា～ / スマーン・ター・～	～だと思った(けど違った)

自分が思い違いをしていたことを伝えるときに使います。ស្មាន[スマーン]は「○○だと思っていたけど違った」という意味の動詞です。日本語の「～と(思う)」にあたるថា[ター]は有気音なので強めに息を出しながら発音しましょう。

インターネット
カフェ

あまり見かけなくなった「公衆電話」

携帯電話に入金
するためのカー
ドを売っている
ことを示す看板

電話で話す僧侶

カンボジアの通信事情

　カンボジアでは、オフィスなどをのぞいて固定電話を引いている家はあまりありません。携帯電話のほうが普及しています。携帯電話を使用するときには、屋台やスーパーで売っているスクラッチカードのようなものを購入し、そこに書かれている番号を入力するとそのカード代が入金される仕組みです。数年前までは街のあちこちに携帯電話を貸してくれる「公衆電話」のサービスをしているボックスがありましたが、最近はあまり見かけなくなりました。インターネットカフェも都会では至るところにありましたが、スマートフォンを持つ人も増えた今、その数は減ってきているようです。郵便もありますが、カンボジア国内で手紙や葉書を送り合う、ということはあまりなく、結婚式の招待状も直接会って手渡しするのが礼儀とされています。

この課のポイント

●ថា [ター] の使い方：「〜と」

ថា [ター] は、日本語の「〜と」という意味の会話文を導く標識です。" " は日本語の「　」にあたります。

គាត់ប្រាប់ខ្ញុំថា"មិនទៅ"។　　彼は「行かない」と私に言いました。
コワ(ト)・プラァ(プ)・クニョム・ター・ムン・タウ

ខ្ញុំគិតថាល្អ។　　良いと思います。
クニョム・ク(ト)・ター・ルオー

បងនិយាយថាម៉េច?　　あなた何て言ったの？
ボーン・ニジーアイ・ター・マ(チ)

ថា [ター] 自体が「言う」という意味の動詞としての用法もあります。

គាត់ថា"មិនទៅ"។　　彼は「行かない」と言いました。
コワ(ト)・ター・ムン・タウ

ថាម៉េច?　　（聞き返して）何？
ター・マ(チ)

コンソンポムのピーチ

៧៥
チャ(ト)サ(プ)・プラァム

មេរៀនទី១៦ / 16

電池切れだ

អស់ថ្មហើយ

友達がなかなか来ません

សុភាព	អត់ទាន់ឃើញគាត់មក។
ソピア(プ)	オ(ト)・トワン・クーニュ・コワ(ト)・モー(ク)
មិកា	គាត់ឈឺអីក៏មិនដឹង។
ミカー	コワ(ト)・チュー・アイ・コー・ムン・ダン
	ម៉េចមិនទូរស័ព្ទទៅគាត់?
	マ(チ)・ムン・トゥールッサ(プ)・タウ・コワ(ト)
សុភាព	ទូរស័ព្ទខ្ញុំអស់ថ្មហើយ។
ソピア(プ)	トゥールッサ(プ)・クニョム・オッ・トゥモー・ハウイ
	សុំខ្ចីទូរស័ព្ទមិកាបន្តិចមក។
	ソム・クチャイ・トゥールッサ(プ)・ミカー・ボンタ(チ)・モー(ク)
មិកា	ទូរស័ព្ទខ្ញុំអស់លុយហើយ។
ミカー	トゥールッサ(プ)・クニョム・オッ・ロイ・ハウイ

ソピアップ	友達がまだ来ないな。
ミカ	病気かもしれないわね。電話してみたら？
ソピアップ	僕の電話は電池切れだ。ミカのを貸して。
ミカ	私のはお金がないわ。

អត់ទាន់~ オ(ト)・トワン・~	まだ ～していない

ឃើញ~ クーニュ・~	～が見える

　自分で意識して「見る」のが មើល [ムール] ですが、このように目に入ってくる「見える」は ឃើញ [クーニュ] を使います。

~ក៏មិនដឹង ~・コー・ムン・ダン	～かもしれない

　　អញ្ចឹងក៏មិនដឹង　　そうかもしれない
　　オンチャン・コー・ムン・ダン

អស់ថ្មហើយ オッ・トゥモー・ハウイ	電池切れだ

　ថ្ម [トゥモー]（電池）が「尽きる」（អស់ [オッ]）という表現です。

សុំខ្ចី ~បន្តិចមក ソム・クチャイ・~・ボンタ(チ)・モー(ク)	ちょっと ～を貸してください

　សុំ [ソム]（～を求める）+ ខ្ចី [クチャイ]（借りる）で「貸してください」となります。បន្តិច [ボンタ(チ)] は「(量が) 少ない」という意味ですが、お願いするときに日本語の「ちょっと」と同じように使えます。最後の មក [モー(ク)]（来る）は話し手への方向を表す文末詞としての用法です。

អស់លុយហើយ オッ・ロイ・ハウイ	オッ・ロイ・ハウイ

　ここでの លុយ [ロイ]（お金）は携帯電話にチャージした通話料のことですが、それ以外にも浪費して「お金がなくなっちゃった」という場合にも使えます。

いろいろな表現

Track 66

អស់ [オッ] の使い方

អស់ [オッ] は「尽きる」という意味の動詞です。

អស់សាំងហើយ។	ガソリンがなくなった。	(សាំង [サン] ガソリン)
オッ・サン・ハウイ		
អស់កំលាំងហើយ។	疲れた（力が尽きた）。	(កំលាំង [コムラン] 力)
オッ・コムラン・ハウイ		

値段のことを言うこともあります。

A：អស់ប៉ុន្មាន?　　　　　　A：いくらだったの（いくら費やしたの）？
　　オッ・ポンマーン

B：អស់៥០០០រៀល　　　　B：5キリエルだよ。
　　オッ・プラァム・ポワン・リィーアル

動詞としての用法のほかに、「すべて」という意味も表します。

ទាំងអស់　　全部、すべて　　　　（ទាំង~ [テアン・~] ~ごと）
テアン・オッ

អស់ [オッ] の後ろに名詞がきて「すべての～」という意味でも使います。

អស់លោកអ្នក　　皆さん
オッ・ロー(ク)・ネア(ク)

អស់មួយជីវិត　　一生　　　　　（ជីវិត [チーヴ(ト)] 命）
オッ・ムーオイ・チーヴ(ト)

●「見る」と「見える」

　カンボジア語では、「見る」や「聞く」など自分で意識しておこなう動作を表す動詞と、「見える」や「聞こえる」など自分で意識せずにおこなわれることを表す動詞が区別されます。前者を随意動詞といい、後者を不随意動詞と呼びます。たとえば、自分が音楽をかけて「聞く」場合はស្ដាប់［スダ(プ)］ですが、どこかから歌が聞こえてきたという場合は「聞こえる」にあたるឮ［ルー］を使います。注意すべきなのは、随意動詞はその動作の結果までは含意していないので、「聞いたけど聞こえなかった」と否定文にする場合には、後ろの不随意動詞のほうだけを否定します。

　　មើលមិនឃើញទេ។　　（遠くて／暗くて）見えない。
　　ムール・ムン・クーニュ・テー

　　ស្ដាប់ចំរៀង។　　　　歌を聞く。
　　スダ(プ)・チョムリィーアン

　　ស្ដាប់ចំរៀងមិនឮ។　　歌が（聞こうとしたが）聞こえなかった。
　　スダ(プ)・チョムリィーアン・ムン・ルー

●「まだ～していない」

　「まだ～していない」というときには、អត់ទាន់～［オ(ト)・トワン］またはមិនទាន់～［ムン・トワン・～］を使います。ទាន់［トワン］は「間に合う」という意味です。

　　មិនទាន់ប្រាប់ទេ។　　まだ伝えていません。
　　ムン・トワン・プラァ(プ)・テー

មេរៀនទី១៧ / 17

きれいな景色！

ទេសភាពស្អាតណាស់

田舎にやって来ました

សុភាព	យើងមកដល់ជនបទហើយ។	(ជនបទ [チョナボ(ト)] 田舎)
ソピーア(プ)	ユーン・モー(ク)・ドル・チョナボ(ト)・ハウイ	
មិកា	អស្ចារ្យមែន ទេសភាពទីនេះស្អាតណាស់។	
ミカー	オスチャー・メーン　テサピーア(プ)・ティー・ニッ・スアー(ト)・ナッ	
សុភាព	ពេលនៅស្រុកស្រែបែបនេះ	(ស្រែ [スラアエ] 田)
ソピーア(プ)	ペール・ナウ・スロォ(ク)・スラアエ・バエ(プ)・ニッ	(បែបនេះ [バエ(プ)・ニッ] このような)
	មានអារម្មណ៍សប្បាយរីករាយណាស់។	
	ミーアン・アロォム・サッバーイ・リー(ク)・リーアイ・ナッ	
មិកា	គោះយើងទៅដើរលេងប្រាសាទនោះសិន។	
ミカー	トッ・ユーン・タウ・ダウ・レーン・プラアサー(ト)・ヌッ・サン	
		(ប្រាសាទ [プラアサー(ト)] 遺跡)

ソピアップ　田舎に着いたよ。
　　ミカ　すてき、景色がきれい！
ソピアップ　こういう田園にくると
　　　　　　気分が良いんだ。
　　ミカ　さあ、あの遺跡を見に行きましょう。

៨០
バエ(ト)サ(プ)

| អស្ចារ្យមែន
オスチャー・メーン | 見事だ、すばらしい |

驚嘆したり褒め称えたいときに使います。

| ទេសភាពទីនេះស្អាតណាស់
テサピーア(プ)・ティー・ニッ・スアー(ト)・ナッ | きれいな景色だ |

ទេសភាព[テサピーア(プ)]は「景色」、ទីនេះ[ティー・ニッ]は「ここ」、ស្អាត[スアー(ト)](美しい)の後ろのណាស់[ナッ]は「とても」という意味です。観光先で使ってみましょう。

| ពេលនៅ～
ペール・ナウ・～ | ～にいるとき |

「～にいるときは(…だ)」という節を作ります。

| មានអារម្មណ៍សប្បាយរីករាយ
ミーアン・アロォム・サッバーイ・リィー(ク)・リィーアイ | とても良い気分だ |

とても嬉しいときや幸せな気分のときにこう言ってみましょう。អារម្មណ៍[アロォム]は「気持ち」のことで、សប្បាយ[サッバーイ]は「幸せな」、រីករាយ[リィー(ク)・リィーアイ]は「嬉しい」という意味です。

| តោះយើង～សិន
トッ・ユーン・～・サン | さあ、まずは～しよう |

「～」の部分に動詞句を入れて、「とりあえず～しようよ」と誘う表現です。

| ដើរលេង
ダウ・レーン | 散歩する |

ដើរ[ダウ](歩く)+លេង[レーン](遊ぶ)で「(楽しみのために)歩く」という意味です。អង្គុយលេង[オンクイ・レーン](座る+遊ぶ)=「座って休む」や、និយាយលេង[ニジーアイ・レーン](話す+遊ぶ)=「冗談を言う」などもよく使います。

ダイアローグで学んでみよう

●感情を表すことば

自分の気持ちを伝えてみましょう。

「楽しい、うれしい」	「悲しい、つらい」	「怒りを感じる」
សប្បាយរីករាយ	ពិបាកចិត្ត	នឹកខឹង
サッバーイ・リィー(ク)・リィーアイ	ピバー(ク)・チャ(ト)	ヌ(ク)・カン
「疲れた」	「恥ずかしい」	「退屈だ、一人でつまらない」
នឿយហត់	ខ្មាសគេ	អផ្សុក
ヌーアイ・ホ(ト)	クマーッ・ケー	オ(プ)ソ(ク)
「感動している」	「心配だ」	「〜に会えなくて寂しい」
រំភើបចិត្ត	ព្រួយបារម្ភ	នឹក〜
ロォンプー(プ)・チャ(ト)	プルゥーオイ・バロォム	ヌ(ク)・〜

「とっても○○だ！」：○○ + ណាស់ [ナッ] ／○○ + យ៉ាងខ្លាំង [ヤーン・クラン]

「とても恥ずかしい。」　ខ្មាសគេណាស់។
　　　　　　　　　　クマーッ・ケー・ナッ

「すごく疲れた。」　នឿយហត់យ៉ាងខ្លាំង។
　　　　　　　　　ヌーアイ・ホ(ト)・ヤーン・クラン

「〜して（〜だ）」：ដោយបាន〜 [ダオイ・バーン・〜]

「知り合えてうれしいです。」

ខ្ញុំសប្បាយរីករាយដោយបានស្គាល់គ្នា។

クニョム・サッバーイ・リィー(ク)・リィーアイ・ダオイ・バーン・スコワル・クニーア

(គ្នា [クニーア] 互いに)

「〜のことについて」：អំពី〜 [オンピー・〜]

「祖母の健康を心配しています。」

ខ្ញុំព្រួយបារម្ភអំពីសុខភាពរបស់យាយ។

クニョム・プルゥーオイ・バロォム・オンピー・ソッカピーア(プ)・ロォボッ・ジーアイ

(សុខភាព [ソッカピーア(プ)] 健康)
(យាយ [ジーアイ] 祖母)

៨២
バエ(ト)サ(プ)・ピー

この課のポイント

●観光に関することば

観光客	市場	お土産	遺跡
ភ្ញៀវទេសចរ	ផ្សារ	វត្ថុអនុស្សាវរីយ៍	ប្រាសាទ
プニーアウ・テサチョー	プサー	ヴォアット・アヌサヴァリィー	プラァサー(ト)

お寺	丘、山	湖	海
វត្ត	ភ្នំ	បឹង	សមុទ្រ
ヴォワ(ト)	プノム	バン	サモ(ト)

「○○を見に行きたい」：ចង់ទៅមើល [チョン・タウ・ムール] ＋○○

　「アンコール遺跡を見に行きたい。」

　ខ្ញុំចង់ទៅមើលប្រាសាទអង្គរ។
　クニョム・チョン・タウ・ムール・プラァサー(ト)・オンコー

「○○に行ってみたい」：ចង់ទៅលេង [チョン・タウ・レーン] ＋○○

　「カンボジアの海に行ってみたい。」

　ខ្ញុំចង់ទៅលេងសមុទ្រនៅស្រុកខ្មែរ។
　クニョム・チョン・タウ・レーン・サモ(ト)・ナウ・スロォ(ク)・クマエ

「市場で両親へのお土産を買う。」　　　（សំរាប់ [ソムラァ(プ)・~]〜のための）

ទិញវត្ថុអនុស្សាវរីយ៍នៅផ្សារសំរាប់ឪពុកម្ដាយ។
テニュ・ヴォアット・アヌサーヴァリィー・ナウ・プサー・ソムラァ(プ)・アウポ(ク)・ムダーイ

ホテル	ゲストハウス	レストラン	屋台
សណ្ឋាគារ	ផ្ទះសំណាក់	ភោជនីយដ្ឋាន	ហាងបាយ
サンタキーア	プテアッ・ソムナ(ク)	ポーチニヤターン	ハーン・バーイ

「私たちは {ホテル／ゲストハウス} に泊まります。」　　（ស្នាក់ [スナ(ク)]泊まる）

　យើងស្នាក់នៅ {សណ្ឋាគារ／ផ្ទះសំណាក់}។
　ユーン・スナ(ク)・ナウ {サンタキーア／プテアッ・ソムナ(ク)}

「私たちは {レストラン／屋台} で食事をします。」

　យើងញាំបាយនៅ {ភោជនីយដ្ឋាន／ហាងបាយ}។
　ユーン・ニャム・バーイ・ナウ {ポーチニヤターン／ハーン・バーイ}

៨៣
バエ(ト)サ(プ)・バイ

18

カンボジアの結婚式に行ったことがありません

មិនដែលទៅញ៉ាំការខ្មែរទេ

結婚式に誘われます

សុភាព ក្មួយខ្ញុំនឹងរៀបការថ្ងៃសៅរ៍ចុងសប្តាហ៍ក្រោយ។
ソピーア(プ)　クムーオイ・クニョム・ヌン・リィーア(プ)・カー・トゥガイ・サウ・チョン サパダー・クラァオイ
បើទំនេរ មិកាទៅជាមួយយើងទេ?
　　　　　バウ・トムネー　　ミカー・タウ・チーア・ムーオイ・ユーン・テー

(ក្មួយ[クムーオイ] 甥、姪)
(រៀបការ[リィーア(プ)・カー] 結婚する)
(ទំនេរ[トムネー] 暇だ)

មិកា ល្អណាស់ ខ្ញុំមិនដែលទៅញ៉ាំការខ្មែរទេ។
ミカー　ルオー・ナッ　クニョム・ムン・ダエル・タウ・ニャム・カー・クマエ・テー

សុភាព មិកាមានអាវសំរាប់ទៅញ៉ាំការទេ?
ソピーア(プ)　ミカー・ミーアン・アーウ・ソムラァ(プ)・タウ・ニャム・カー・テー

(អាវ[アーウ] 服)

មិកា អត់មានទេ។
ミカー　オ(ト)・ミーアン・テー

សុភាព អាចកាត់នៅផ្សារបាន ចាំខ្ញុំជូនទៅ។
ソピーア(プ)　アー(チ)・カ(ト)・ナウ・プサー・バーン　チャム・クニョム・チューン・タウ

(កាត់[カ(ト)] 仕立てる)

ソピアップ　来週末の土曜に甥の結婚式があるんだ。
　　　　　　暇だったらミカも一緒に行かないかい?
ミカ　　　　良いですね、まだカンボジアの結婚式に行ったことがないんです。
ソピアップ　結婚式に行く服を持ってる?
ミカ　　　　いいえ。
ソピアップ　市場で仕立てられるよ、連れて行ってあげるね。

៨៤
パエ(ト)サ(プ)・ブーオン

នឹង〜 ヌン	〜するつもりだ

「〜」の部分に動詞句を入れ、発話時点からみて未来におこなわれる予定であることを表します。

ថ្ងៃសៅរ៍ចុងសប្ដាហ៍ក្រោយ トゥガイ・サウ・チョン・サパダー・クラァオイ	来週末の土曜日

日程の表し方は日本語と逆に「曜日」+「週」の順になります。ថ្ងៃសៅរ៍[トゥガイ・サウ]は「土曜日」、ចុង[チョン]は「末」、សប្ដាហ៍[サパダー]は「週」です。

ធ្លាប់〜 ダエル・〜	〜したことがある

「〜したことがある」という経験を表す言い方です。否定するときにはធ្លាប់[ダエル]の前に否定辞のមិន[ムン]をおきます。

ទៅញាំការ タウ・ニャム・カー	結婚式に行く

「結婚披露宴に行く」ことをこのように言います。ការ[カー]は「こと」という意味の語ですが、「結婚」を指すこともあります。ចូលរួមពិធីការ[チョール・ルゥーオム・ピティー・カー](結婚式に参加する)という言い方もあります。

អាច〜បាន アー(チ)・〜・バーン	〜できる

「〜」の部分に色々な動詞句を入れて、可能や許可を意味する「〜できる」という表現になります。

ចាំខ្ញុំ〜 チャム・クニョム・〜	〜してあげるね

ダイアローグで学んでみよう

● 「～するつもりだ」：និង～ ［ヌン・～］

និង［ヌン］の後ろに動詞句をおき、「～するつもりだ」と主に近い将来おこなわれることを表します。名詞と名詞を並べるនិង［ヌン］（～と…）と同じ発音です。

「彼に伝えるつもりだ。」

ខ្ញុំនឹងប្រាប់គាត់។
クニョム・ヌン・プラァ(プ)・コワ(ト)

● 曜日の言い方

日曜日	ថ្ងៃអាទិត្យ［トゥガイ・アトゥ(ト)］
月曜日	ថ្ងៃចន្ទ［トゥガイ・チャン］
火曜日	ថ្ងៃអង្គារ［トゥガイ・オンキーア］
水曜日	ថ្ងៃពុធ［トゥガイ・ポ(ト)］
木曜日	ថ្ងៃព្រហស្បតិ៍［トゥガイ・プロォホワッ］
金曜日	ថ្ងៃសុក្រ［トゥガイ・ソ(ク)］
土曜日	ថ្ងៃសៅរ៍［トゥガイ・サウ］

「月曜日から金曜日まで働いています。」

ធ្វើការពីថ្ងៃចន្ទដល់ថ្ងៃសុក្រ។　　（ដល់～［ドル・～］～まで）
トゥヴー・カー・ピー・トゥガイ・チャン・ドル・トゥガイ・ソ(ク)

「土曜日と日曜日は休日です。」

ថ្ងៃសៅរ៍និងថ្ងៃអាទិត្យជាថ្ងៃសំរាក។　　（សំរាក［ソムラァー(ク)］休む）
トゥガイ・サウ・ヌン・トゥガイ・アートゥ(ト)・チーア・トゥガイ・ソムラァー(ク)

「毎週木曜日にカンボジア語を勉強しています。」

រៀនភាសាខ្មែររាល់ថ្ងៃព្រហស្បតិ៍។
リィーアン・ピアサー・クマエ・ロォワル・トゥガイ・プロォホワッ

この課のポイント

●ដែល[ダエル]の用法：1. 経験「～したことがある」　2. 関係代名詞

1. ដែល[ダエル]の後ろに動詞句をおき、「～したことがある」という経験を表します。

ខ្ញុំដែលទៅអង្គរវត្ត។　　　私はアンコールワットに行ったことがあります。
クニョム・ダエル・タウ・オンコー・ヴォワ(ト)

ខ្ញុំមិនដែលទៅអង្គរវត្តទេ។　　　私はアンコールワットに行ったことがありません。
クニョム・ムン・ダエル・タウ・オンコー・ヴォワ(ト)・テー

ដែលទៅអង្គរវត្តឬទេ?　　　アンコールワットに行ったことがありますか？
ダエル・タウ・オンコー・ヴォワ(ト)・ルー・テー

- បាទ／ចាស ដែលទៅ។　　　- はい、行ったことがあります。
  バー(ト)／チャー　ダエル・タウ

- បាទ／ចាស ទេ មិនដែលទៅទេ។　　　- いいえ、行ったことがありません。
  バー(ト)／チャー・テー　ムン・ダエル・タウ・テー

2. 関係代名詞

ដែល[ダエル]には関係代名詞としての用法もあります。名詞の後ろにおき、その名詞を説明する節を導きます。

កាដូដែលខ្ញុំទិញមកពីជប៉ុន។　　　私が日本で買ってきたプレゼント
カドー・ダエル・クニョム・テニュ・モー(ク)・ピー・チャポン　　　(កាដូ[カドー] プレゼント)

カンボジアの結婚式

カンボジアの結婚式は、とても盛大です。以前は2、3日に渡ってとりおこなうこともあったようですが、最近では一日で済ませることが多いようです。新郎新婦は朝早くから数々の儀式をこなし、夕方から披露宴です。花嫁だけではなく招待客の女性たちも、皆この日のために仕立てたさまざまなデザインのきらびやかなドレスを身にまとって来ます。披露宴ではご祝儀を渡して一通り食べ終えたら、あとは皆で踊ります。結婚式に限らず、パーティーといえば屋内外を問わずとにかく踊るのがカンボジア流です。

មេរៀនទី១៩

ヘルメットをかぶるのを忘れないでね

កុំភ្លេចពាក់មួកសុវត្ថិភាពណា៎

Track 74

交通事故について話をしています

សុភាព អំបាញ់មិញខ្ញុំបានឃើញគ្រោះថ្នាក់ចរាចរណ៍មួយ។
ソピーア(プ)　オンバニュ・マニュ・クニョム・バーン・クーニュ・クロォッ・トナ(ク)・チョラァチョー・ムーオイ

មិកា ភ័យណាស់។
ミカー　ペイ・ナッ

សុភាព មិកា ពេលដើរឆ្លងផ្លូវត្រូវតែប្រយ័ត្ន　　(ឆ្លង [チュローン] 渡る)
ソピーア(プ)　ミカー　ペル・ダウ・チューローン・プラウ・トラァウ・タエ・プロォヤ(ト)

ហើយបើជិះម៉ូតូ　　(ម៉ូតូ [モトー] バイク)
ハウイ・バウ・チッ・モトー

កុំភ្លេចពាក់មួកសុវត្ថិភាពណា៎។
コム・プレ(チ)・ペア(ク)・ムーオ(ク)・ソヴァタピーア(プ)・ナー

មិកា ចាស។
ミカ　チャー

ソピアップ　さっき交通事故を見たよ。
ミカ　怖いわ。
ソピアップ　ミカ、道を渡るときは気を付けて、
　　　　　そしてもしバイクに乗るときはヘルメットをかぶるのを
　　　　　忘れないでね。
ミカ　分かりました。

៨៨
パエ(ト)サ(プ)・プラアム・バイ

អំបាញ់មិញ オンバニュ・マニュ	さきほど

គ្រោះថ្នាក់ចរាចរណ៍ クロォッ・トナ(ク)・チョラァチョー	交通事故

　គ្រោះថ្នាក់［クロォッ・トナ(ク)］は「危険」を意味します。ចរាចរណ៍［チョラァチョー］は「交通」のことです。カンボジアは交通事故がとても多いので気をつけてください。交通事故を「見た」というときの動詞は「(意識せずに)目に入る、見える」という意味のឃើញ［クーニュ］を使います。交通事故に「遭った」というときの動詞はជួប［チューオ(プ)］です。

ត្រូវតែប្រយ័ត្ន トラァウ・タエ・プロヤ(ト)	気を付けないといけない

　ត្រូវតែ［トラァウ・タエ］は、ត្រូវ［トラァウ］（〜しなければならない）よりも強い「必ず〜しなければならない」という表現です。この会話のប្រយ័ត្ន［プロヤ(ト)］（気を付ける）のように人に何か注意を促すときに使いましょう。

កុំភ្លេច〜ណា៎ コム・プレ(チ)・〜・ナー	〜し忘れないでくださいね

　「〜するな」という禁止を表すのがកុំ［コム］ですから、その後に「忘れる」という動詞ភ្លេច［プレ(チ)］をつけると「忘れるな」となります。さらにその後に動詞句をつけると「〜するのを忘れるな」という禁止文になります。最後のណា៎［ナー］は日本語の「ね」のような文末詞で、話し手の念押しなどの気持ちを表します。

មួកសុវត្ថិភាព ムーオ(ク)・ソヴァタピーア(プ)	ヘルメット

　មួក［ムーオ(ク)］は「帽子」、សុវត្ថិភាព［ソヴァタピーア(プ)］は「安全」という意味です。

●いろいろな移動手段

「何で行くの？」　ជិះអីទៅ？
　　　　　　　　チッ・アイ・タウ

| 「徒歩で行く。」 ដើរទៅ។ ダウ・タウ | 「【乗り物】で行く。」 ជិះ＋【乗り物】＋ទៅ។ チッ＋【乗り物】＋タウ | ជិះកង់ទៅ។ チッ・コン・タウ 「自転車で行く。」 |

いろいろな乗り物

自転車 កង់ [コン]	シクロ（自転車タクシー） ស៊ីក្លូ [スィクロー]	バイク ម៉ូតូ [モトー]
自動車 ឡាន [ラーン]	トゥクトゥク（三輪タクシー） រ៉ឺម៉ក [ルゥモー(ク)]	タクシー តាក់ស៊ី [タ(ク)スィー]
ボート ទូក [トゥー(ク)]	電車 រថភ្លើង [ロォ(ト)・プルーン]	飛行機 យន្តហោះ [ヨン・ホッ]

●បាន [バーン] を使った表現

បាន [バーン] はそもそも「得る」という意味の動詞です。

ចង់បានកាបូប។　　かばんがほしい。
チョン・バーン・カボー(プ)

後ろに動詞をともなうと、その動作をする機会を得たといったニュアンスです。過去のことだけではなく、これから先におこなわれることを述べることもできます。

ខ្ញុំបានទៅសៀមរាប។　　シェムリアップに行った。
クニョム・バーン・タウ・スィーアム・リィーア(プ)

ខ្ញុំនឹងបានទៅសៀមរាបខែក្រោយ។　来月シェムリアップに行くことになった。
クニョム・ヌン・バーン・タウ・スィーアム・リィーア(プ)・カエ・クラァオイ

この課のポイント

●月の言い方

「〜月」という場合、カンボジア語にはそれぞれの月に固有の呼び方がありますが、話し言葉では日本語と同じように数字を使って ខែ១ [カエ・ムーオイ]、ខែ២ [カエ・ピー] などと言うこともあります。

1月	ខែ១ [カエ・ムーオイ]	ខែមករា [カエ・メアカラァー]
2月	ខែ២ [カエ・ピー]	ខែកុម្ភៈ [カエ・コンペアッ]
3月	ខែ៣ [カエ・バイ]	ខែមីនា [カエ・ミニーア]
4月	ខែ៤ [カエ・ブーオン]	ខែមេសា [カエ・メサー]
5月	ខែ៥ [カエ・プラム]	ខែឧសភា [カエ・ウサピーア]
6月	ខែ៦ [カエ・プラム・ムーオイ]	ខែមិថុនា [カエ・ミトナー]
7月	ខែ៧ [カエ・プラム・ピー]	ខែកក្កដា [カエ・カッカダー]
8月	ខែ៨ [カエ・プラム・バイ]	ខែសីហា [カエ・セイハー]
9月	ខែ៩ [カエ・プラム・ブーオン]	ខែកញ្ញា [カエ・カンニャー]
10月	ខែ១០ [カエ・ド(プ)]	ខែតុលា [カエ・トラー]
11月	ខែ១១ [カエ・ド(プ)・ムーオイ]	ខែវិច្ឆិកា [カエ・ヴィチェカー]
12月	ខែ១២ [カエ・ド(プ)・ピー]	ខែធ្នូ [カエ・トゥヌー]

「○月△日×曜日」と日付を言う場合、日本語と反対に「曜日→日→月」の順になります。「〜日」は数字の前に ទី [ティー] をつけます。

「今日は7月5日金曜日です。」

ថ្ងៃនេះ ថ្ងៃសុក្រ ថ្ងៃទី៥ ខែ៧។

トゥガイ・ニッ　トゥガイ・ソ(ク)　トゥガイ・ティー・プラム　カエ・プラム・ピー

៩១
カウサ(プ)・ムーオイ

មេរៀនទី២០

遅れないように行きましょう

យើងប្រញាប់ទៅកុំអោយយឺត

ミカの両親を空港に迎えに行きます

សុភាព	ឪពុកម្តាយមិកាមកដល់ព្រលានយន្តហោះម៉ោងប៉ុន្មាន？
ソピア(プ)	アウポ(ク)・ムダーイ・ミカー・モー(ク)・ドル・プロォリーアン・ヨン・ホッ・マオン・ポンマーン
	(ឪពុក [アウポ(ク)] 父) (ព្រលានយន្តហោះ [プロォリーアン・ヨン・ホッ] 空港)
មិកា	ពួកគាត់ថាចេញពីបាងកកម៉ោង៦។
ミカー	プーオ(ク)・コワ(ト)・ター・チェニュ・ピー・バンコー(ク)・マオン・プラム・ムーオイ
	(បាងកក [バンコー(ク)] バンコク)
សុភាព	អញ្ចឹងម៉ោង៧
ソピア(プ)	オンチャン・マオン・プラム・ピー
	យើងចេញដំណើរទៅទទួលពួកគាត់។
	ユーン・チェニュ・ドムナウ・タウ・トトゥーオル・プーオ(ク)・コワ(ト)
មិកា	ពួកគាត់មិនចេះនិយាយភាសាខ្មែរនិងភាសាអង់គ្លេសទេ។
ミカー	プーオ(ク)・コワ(ト)・ムン・チェッ・ニジーアイ・ピアサー・クマエ・ヌン・ピアサー・オンクレーッ・テー
សុភាព	អញ្ចឹងយើងប្រញាប់ទៅកុំអោយយឺត។
ソピア(プ)	オンチャン・ユーン・プロニャ(プ)・タウ・コム・アオイ・ユー(ト)

ソピアップ	ミカの両親は何時に空港に着くの？
ミカ	６時にバンコクを発つって言ってた。
ソピアップ	じゃあ７時に出発して迎えに行こう。
ミカ	両親はカンボジア語も英語もできないの。
ソピアップ	それなら遅れないように急いで行こう。

92 ៩២
カウサ(プ)・ピー

| ចេញពី～ម៉ោង… | …時に～を出る |
| チェニュ・ピー・～・マオン・… | |

　ចេញ[チェニュ]（出る）の後ろのពី[ピー]は「～から」という意味の前置詞です。無気音なので息を出さないように気をつけて発音しましょう。また、「6時に」というように時刻を表すときには日本語の「～に」にあたる前置詞は不要です。

| ពួកគាត់ | 彼ら |
| プーオ(ク)・コワ(ト) | |

　カンボジア語では名詞の単数・複数を区別する必要はありませんが、特に「～達」と言いたい場合は名詞の前にពួក[プーオ(ク)]を使います。また、複数あることを示すには「いくつかの」という意味のខ្លះ[クラッ]を名詞の後ろに用いることもあります。

　ពួកយើង　　私たち
　プーオ(ク)・ユーン

　អ្នកខ្លះ　　いく人かの人々
　ネア(ク)・クラッ

| ទទួល～ | ～を迎える |
| トトゥーオル・～ | |

　空港や駅、学校などに誰かを迎えに行くときの表現です。逆に「～を見送る」はជូនដំណើរ～[チューン・ドムナウ・～]と言います。

| កុំឲ្យ～ | ～しないように |
| コム・アオイ・～ | |

　「～しないように」というときは禁止のកុំ[コム]と使役のឲ្យ[アオイ]を組み合わせて使います。

ダイアローグで学んでみよう

●だいたいの時刻

「～頃」：ប្រហែល～ ［プロォハエル・～］

「7時頃にここに来ます。」

មកទីនេះ ប្រហែលម៉ោង៧។
モー(ク)・ティー・ニッ　プロォハエル・マオン・プラァム・ピー

「○○から△△の間に」：នៅចន្លោះ○○ទៅ△△ ［ナウ・チョンロッ・○○・タウ・△△］

「午前9時から10時の間に電話します。」

ខ្ញុំនឹងទូរស័ព្ទចន្លោះម៉ោង៩ទៅម៉ោង១០ព្រឹក។
クニョム・ヌン・トゥールゥサ(プ)・チョンロッ・マオン・プラァム・ブーオン・タウ・マオン・ド(プ)・プルゥ(ク)

●年の表し方

去年	今年	来年
ឆ្នាំមុន／ឆ្នាំទៅ	ឆ្នាំនេះ	ឆ្នាំក្រោយ
チュナム・モン／チュナム・タウ	チュナム・ニッ	チュナム・クラァオイ

「去年、私は新車を買いました。」

ឆ្នាំមុន ខ្ញុំទិញឡានថ្មី។
チュナム・モン　クニョム・テニュ・ラーン・トゥマイ

「来年、私たちはタイに行きます。」

ឆ្នាំក្រោយ យើងទៅប្រទេសថៃ។
チュナム・クラァオイ　ユーン・タウ・プロォテッ・タイ

「○○年」：ឆ្នាំ○○ チュナム	「△△年間」：(រយៈពេល) △△ឆ្នាំ (ロォジェアッ・ペール)・△△・チュナム

「息子は2002年生まれです。」

កូនប្រុសរបស់ខ្ញុំកើតនៅឆ្នាំ២០០២។　(របស់～［ロォボッ・～］～の)
コーン・プロォッ・ロォボッ・クニョム・カウ(ト)・ナウ・チュナム・ピー・ポワン・ピー

「私は3年間、会社で働いていました。」　(ក្រុមហ៊ុន［クロォム・フン］会社)

ខ្ញុំធ្វើការនៅក្រុមហ៊ុនរយៈពេល៣ឆ្នាំ។　(រយៈពេល［ロォジェアッ・ペール］期間)
クニョム・トゥーヴ・カー・ナウ・クロォム・フン・ロォジェアッ・ペール・バイ・チュナム

この課のポイント

●性格を表すことば

自分や知人の性格を伝えてみましょう。

「優しい、親切な」 ចិត្តល្អ チャ(ト)・ルオー	「しとやかな」 សុភាព ソピーア(プ)	「穏やかな」 ស្ងួត スロー(ト)
「聡明な、頭がいい」 ឆ្លាត チュラー(ト)	「怠惰な、ぐうたらな」 ខ្ជិល クチュル	「意地悪な」 កាច カー(チ)
「怒りっぽい」 ឆាប់ខឹង チャ(プ)・カン	「厳しい」 ហួតចត់ モ(ト)・チョ(ト)	「勇気のある」 ក្លាហាន クラハーン

「【人】は○○だ」：【人】+○○

「カンボジア女性はしとやかです。」

ស្រីខ្មែរសុភាព។

スラァイ・クマエ・ソピーア(プ)

(ស្រី [スラァイ] 女性)

「○○な人」：មនុស្ស [モヌッ] +○○

「私の夫は勇敢な人です。」

ប្តីខ្ញុំជាមនុស្សក្លាហាន។

プダイ・クニョム・チーア・モヌッ・クラハーン

(ប្តី [プダイ] 夫)

「新しい先生はちょっと怒りっぽい人だ。」

លោកគ្រូថ្មីជាមនុស្សឆាប់ខឹងបន្តិច។

ロー(ク)・クルーー・トゥマイ・チーア・モヌッ・チャ(プ)・カン・ボンタ(チ)

「○○でありなさい」：ធ្វើអោយ [トゥヴー・アオイ] +○○

「しとやかにしていなさい」

ធ្វើអោយសុភាព។

トゥヴー・アオイ・ソピーア(プ)

៩៥
カウサ(プ)・プラァム

95

カンボジア語の新聞

アンコールワット遠望

文字と発音

文法

文字と発音

　本書は会話を目的としたものですが、カンボジア語の文字にもトライしたいという人のために簡単に説明しておきます。一見ずいぶん不思議な形をしていますが、一度ルールさえ覚えてしまえば表と見比べながら書いたり読んだりすることができますのでぜひチャレンジしてみてください。

　カンボジア文字の構造は下の図のようになっています。

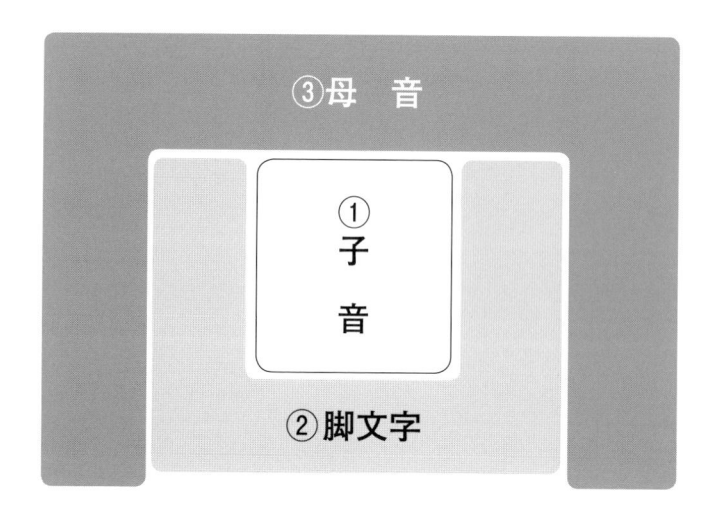

```
            ③母　音

          ┌─────────┐
          │   ①     │
          │   子     │
          │   音     │
          └─────────┘
            ②脚文字
```

　まずはじめの子音（①）を書き、二重子音の場合は二番目の子音を脚文字（②）という形でつけ、最後に母音（③）の記号を添えます。①〜③を書く位置は上の図の通りで、子音を真ん中に、脚文字をその下や左右に（文字によって異なります）、母音記号は上や左右に（母音によって異なります）おきます。
　子音はA子音とO子音という2つのグループに分けられ、同じ母音記号でもA子音につくかO子音につくかで発音が異なることに注意が必要です。

【子音文字の表】

　子音は母音と合わせて発音されます。ここでは、母音記号が何もつかない場合の読み方（子音＋「オー」）を書いています。それぞれ左が基本の子音で、右はその脚文字の形です。実際には、どの母音記号がつくかによって読み方が変わります。網掛けはO子音、その他はA子音です。

ក ក្	ខ ខ្	គ គ្	ឃ ឃ្	ង ង្
コー	コー	コー	コー	ゴー
ច ច្	ឆ ឆ្	ជ ជ្	ឈ ឈ្	ញ ញ្
チョー	チョー	チョー	チョー	ニョー
ដ ដ្	ឋ ឋ្	ឌ ឌ្	ឍ ឍ្	ណ ណ្
ドー	トー	ドー	トー	ノー
ត ត្	ថ ថ្	ទ ទ្	ធ ធ្	ន ន្
トー	トー	トー	トー	ノー
ប ប្	ផ ផ្	ព ព្	ភ ភ្	ម ម្
ボー	ポー	ポー	ポー	モー
យ យ្	រ រ្	ល ល្	វ វ្	
ヨー	ロォー	ロー	ヴォー	
ស ស្	ហ ហ្	ឡ ឡ្	អ អ្	
ソー	ホー	ロー	オー	

※ ●で囲んだものは、有気音といって、発音するときにしっかり息を出します。●のない「カ行」「チャ行」「タ行」「パ行」のカタカナについては、逆に無気音ですので息が出ないように発音します。

※音節末の子音は母音をつけないで読みます。上の表の「コー」「チョー」「ドー」「トー」「ボー」「ポー」とその有気音（4段目までの左から4列目まで）は、音節末では発音せずにその口の形だけをして止めます。本書では（　）に入れて「（ク）」「（チ）」「（ト）」「（プ）」と表記しています。　រ [ロォー] は音節末では無音になります。ស [ソー] は音節末では息を出すだけなので [ッ] と表記しています。その他の子音も音節末では音が弱まります。

文字と発音

៩៩
カウサ(プ)・プラァム・ブーオン

※また特別な文字として、ឬ[ルゥー]、ឭ[ルー]、ឥ[アイ]、ឧ[アウ]、ឯ[アエ]、ឱ[アオイ] などがあります。
※特別な記号もいくつかあります。◌̃、◌̈、◌̣ はＡ子音をＯ子音にしたりＯ子音をＡ子音にしたりする記号です。◌̊のついた文字は発音しません。◌̀、◌̊、◌̇ の記号は発音には関係ありません。
※ញ[ニョー]にញ[ニョー]の脚文字がつくと、ញ្ញとなります。

【母音記号の表】

◌は子音の位置を表します。網掛け部分がＯ子音についたときの発音です。

母音記号		母音記号		母音記号		母音記号	
Ａ子音との発音	Ｏ子音との発音	Ａ子音との発音	Ｏ子音との発音	Ａ子音との発音	Ｏ子音との発音	Ａ子音との発音	Ｏ子音との発音
◌（母音記号なし）		◌ា		◌ិ		◌ី	
(広い)オー	(広い)オー	ア	エア	ア	オワ	アー	イーア
◌ឹ		◌ឺ		◌ុ		◌ូ	
エ	イ、ウ、エ	エッ、アッ	イッ	アイ	イー	ア	ウ
◌ួ		◌ើ		◌ឿ		◌ៀ	
アー	ウー	オ	ウ、オ	オッ	ウッ	オー	ウー
◌េ		◌ែ		◌ៃ		◌ោ	
ウーオ	ウーオ	アウ	ウー	アッ		ウーア	ウーア
◌ៅ		◌ុំ		◌ំ		◌ាំ	
イーア	イーア	エー	エー	エッ	エッ	アエ	(広い)エー
◌ះ		◌ិះ		◌ុះ		◌េះ	
(広い)エッ	(広い)エッ	アイ	エイ	アオ	オー	(広い)オッ	(広い)オッ
◌ោះ		◌ំ		◌ំ		◌ាំង	
アウ	アウ	オム	オム	(広い)オム	オム	アム	オワム
◌ះ							
アッ	(広い)エアッ	※読み方が２つ以上あるものは、単語によってどの発音をするかが決まっています。						

具体的に文字の例を見ていきましょう。

① [子音＋母音]だけの例

ថៃ　　[タイ]タイ

A子音ថ[トー]＋母音記号ៃ◌[アイ]

ឈឺ　　[チュー]痛い

O子音ឈ[チョー]＋母音記号◌ឺ[ウー]

② 脚文字がある例

ផ្កា　　[プカー]花

A子音ផ[ポー]＋脚文字のA子音្ក[コー]＋母音記号ា[アー]

គ្រូ　　[クルゥー]教師

O子音គ[コー]＋脚文字のO子音្រ[ロォー]＋母音記号◌ូ[ウー]

③ 音節末に子音がある例

លុប　　[ロ(プ)]消す

O子音ល[ロー]＋母音記号◌ុ[オ]＋音節末の子音ប[(プ)]

ក្បាល　　[クバール]頭

A子音ក[コー]＋脚文字のA子音្ប[ポー]＋母音記号ា[アー]＋音節末の子音ល[ル]

④ 2音節語の例

សៀវភៅ　　[スィアウパウ]本

A子音ស[ソー]＋母音記号ៀ[イーア]＋音節末の子音វ[ウ]＋O子音ភ[ポー]＋母音記号ៅ[アウ]

១០១
ムーオイ・ロォーイ・ムーオイ

子音文字と脚文字の書き方

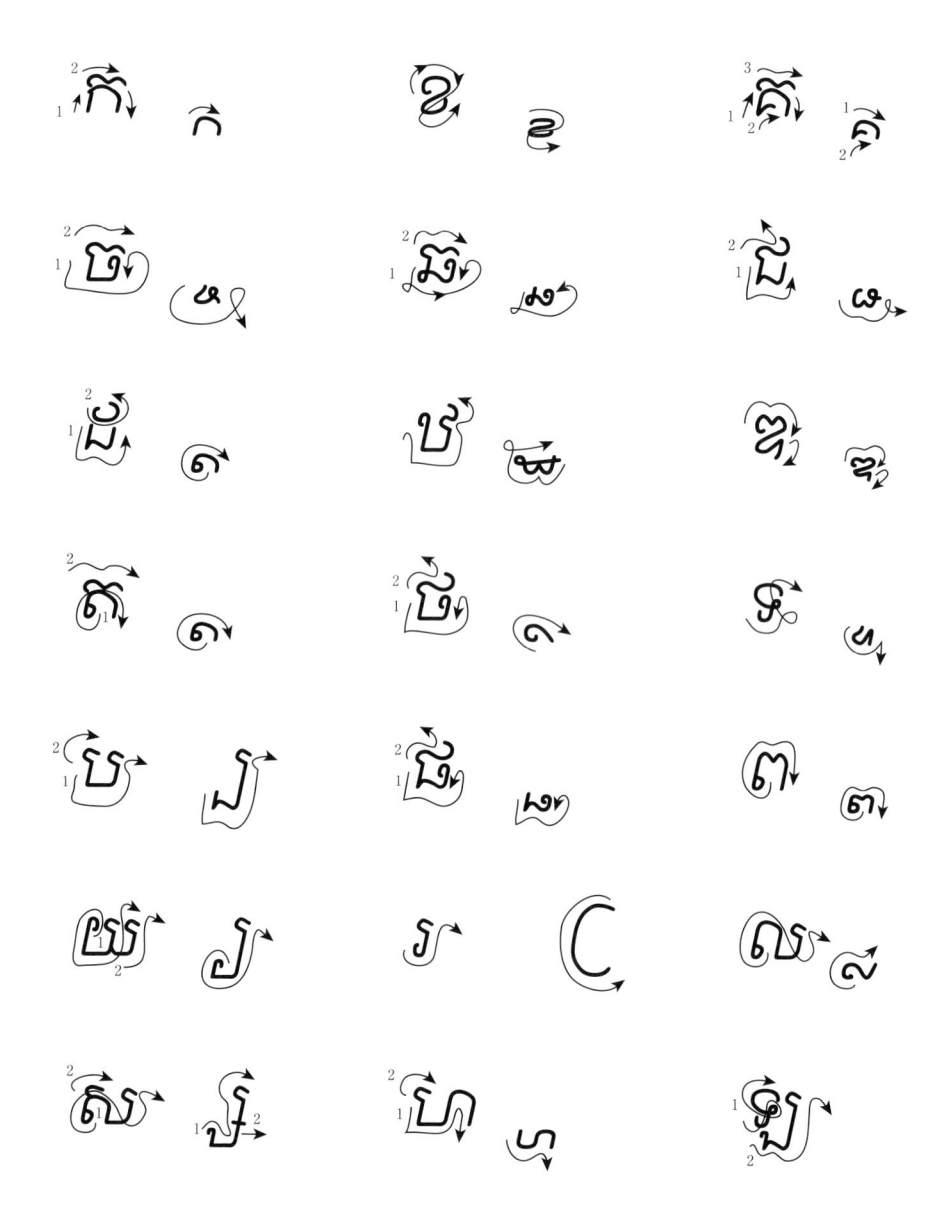

102
ムーオイ・ロォーイ・ピー

文字と発音

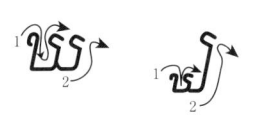

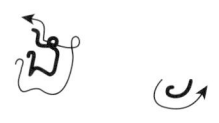

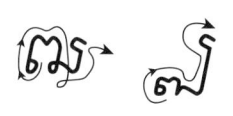

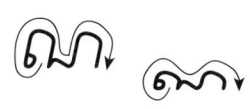

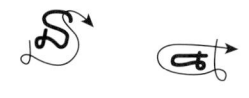

១០២
ムーオイ・ロォーイ・バイ

文法

1 人称と指示詞

①基本的な人称代名詞

「私」ខ្ញុំ[クニョム]　　　　　　　「私たち」យើង[ユーン]
「あなた」អ្នក[ネア(ク)]　　　　　「あなた（男性に対して）」លោក[ロー(ク)]
「彼、彼女、彼ら、彼女ら」គាត់[コワ(ト)]

② 指示詞

話し手から近いもの「これ」　　　នេះ[ニッ]
話し手から遠いもの「それ、あれ」　នោះ[ヌッ]

2 数え方

　カンボジア語の名詞は、単数でも複数でも形は変わりません。いくつあるのかを明示するには、「名詞＋数」の順で言います。「〜人(にん)」などの助数詞は数字の後ろにつけます。人以外にも助数詞はありますが、つけなくても通じます。

「2人の子供」　子供＋2＋〜人(にん)　　កូនបីនាក់
　　　　　　　　　　　　　　　　　　コーン・ピー・ネア(ク)

「一本のペン」　ペン＋1　　　　　　　ប៊ិចមួយ
　　　　　　　　　　　　　　　　　　ベ(チ)・ムーオイ

長さや重さなどの単位も数字の後ろにつけます。

「300メートル」　300＋メートル　　　៣០០ម៉ែត្រ
　　　　　　　　　　　　　　　　　　バイ・ロォーイ・マエ(ト)

「10キロの米」　米＋10＋キロ　　　　អង្ករ១០គីឡូ
　　　　　　　　　　　　　　　　　　オンコー・ド(プ)・キロー

⇒カンボジア語の数字は「ダイアローグ」第2課の説明に載せています。

3 基本語順

　カンボジア語は日本語の助詞「が」や「を」にあたる言葉を使ったり、動詞や形容詞の語形が変化したりすることはなく、語と語の順番によって文中の役割が決まります。文の基本語順は、[主語＋述語＋補語]です。[述語]とは動作や

状態を表す言葉で、いわゆる動詞や形容詞のことです。［主語］は［述語］で示された動作をおこなう人や物、あるいはその状態にある人や物のことです。［補語］は文字通り［述語］の意味を補うための語で、いわゆる目的語もこれに含まれます。どんな文にも［述語］は必ずありますが、［主語］や［補語］は言わなくても分かる場合には使われないこともあります。

「私は市場へ行く。」	私 ＋ 行く ＋ 市場
	ខ្ញុំទៅផ្សារ។
	クニョム・タウ・プサー
「魚を買う。」	買う ＋ 魚
	ទិញត្រី។
	テニュ・トラァイ
「私は食べる。」	私 ＋ 食べる
	ខ្ញុំញ៉ាំ។
	クニョム・ニャム
「カンボジア料理は美味しい。」	カンボジア料理 ＋ 美味しい
	ម្ហូបខ្មែរឆ្ងាញ់។
	ムホー(プ)・クマエ・チュガニュ

⇒よく使う動詞と形容詞は「ダイアローグ」第4課、第6課、第9課の説明を見てください。

4 修飾

日本語とは逆で、「修飾される語＋修飾する語」の順です。

「大きい家」	家 ＋ 大きい	ផ្ទះធំ
		プテアッ・トム
「美味しい料理」	料理 ＋ 美味しい	ម្ហូបឆ្ងាញ់
		ムホー(プ)・チュガニュ

修飾する部分が長い場合、修飾する節の前に ដែល［ダエル］を入れます。

「私が読む本」	本 ＋ ដែល［ダエル］＋ 私 ＋ 読む
	សៀវភៅដែលខ្ញុំអាន
	スィアウパウ・ダエル・クニョム・アーン

១០៥
ムーオイ・ロォーイ・プラァム

指示詞 នេះ [ニッ]（これ）や នោះ [ヌッ]（それ、あれ）もそのままの形で名詞を修飾できますが、これらは必ず修飾部分の最後におかれます。

「あの大きい家」　　　家＋大きい＋あれ

ផ្ទះធំនោះ
プテア・トム・ヌッ

「私が読むこの本」　　本＋ដែល[ダエル]＋私＋読む＋これ

សៀវភៅដែលខ្ញុំអាននេះ
スィアウパウ・ダエル・クニョム・アーン・ニッ

「私の〜」というように所有を表す語は របស់ [ロォボッ] ですが、なくてもかまいません。

「私の車」　　車（＋〜の）＋私　　ឡាន(របស់)ខ្ញុំ
ラーン（・ロォボッ）・クニョム

5 「ある」と「いる」

日本語では「机がある」「ヘビがいる」のように対象が生き物かどうかによって「ある」と「いる」が使い分けられていますが、カンボジア語では、生き物であっても物であっても「（何かが）ある／いる、〜を持っている」というように存在を表すには មាន [ミーアン] を、「（ある場所に）ある／いる」というように所在を表すには នៅ [ナウ] を使います。

①存在の មាន [ミーアン]（〜がある／いる）

「私は子供が2人いる。」　　ខ្ញុំមានកូន២នាក់។
クニョム・ミーアン・コーン・ピー・ネア(ク)

「私は家が2つある。」　　ខ្ញុំមានផ្ទះ២។
クニョム・ミーアン・プテアッ・ピー

②所在の នៅ [ナウ]（〜にある／いる）

「私はプノンペンにいる。」　　ខ្ញុំនៅភ្នំពេញ។
クニョム・ナウ・プノム・ペニュ

「その家はプノンペンにある。」　　ផ្ទះនោះនៅភ្នំពេញ។
プテアッ・ヌッ・ナウ・プノム・ペニュ

したがって、「〜に…がある」という意味の文にはមាន[ミーアン]とនៅ[ナウ]の両方が使われます。

「私はプノンペンに子供が2人いる。」

ខ្ញុំមានកូនពីរនាក់នៅភ្នំពេញ។

クニョム・ミーアン・コーン・ピー・ネア(ク)・ナウ・プノム・ペニュ

6 名詞と名詞をつなぐ文

「○○は△△です」と名詞と名詞をつなぐ文は、2つの名詞の間に「〜である」を意味するជា[チーア]またはគឺជា[クー・チーア]を入れます。

「私は日本人です。」

ខ្ញុំជាជនជាតិជប៉ុន។

クニョム・チーア・チョン・チア(ト)・チャポン

「これは私の家族の写真です。」

នេះជារូបថតគ្រួសាររបស់ខ្ញុំ។　　　(រូបថត[ルゥー(プ)・トー(ト)]写真)

ニッ・チーア・ルゥー(プ)・トー(ト)・クルゥーオサー・ロォボッ・クニョム

「これはカンボジア語の教科書です。」

នេះគឺជាសៀវភៅរៀនភាសាខ្មែរ។

ニッ・クー・チーア・スィアウパウ・リィーアン・ピアサー・クマエ

7 否定

「食べない」「美味しくない」のような否定文は、動詞や形容詞の前にមិន[ムン]あるいはអត់[オ(ト)]を、文末にទេ[テー]をおきます。

「私は食べません。」

ខ្ញុំមិនញ៉ាំទេ។

クニョム・ムン・ニャム・テー

「この料理は美味しくありません。」

ម្ហូបនេះអត់ឆ្ងាញ់ទេ។

ムホー(プ)・ニッ・オ(ト)・チュガニュ・テー

១០៧
ムーオイ・ロォーイ・プラム・ピー

「あまり～ではない」はមិន／អត់ស្វី～ទេ [ムン／オ(ト)・サウ・～・テー] です。
「これはあまり美味しくありません。」

ម្ហូបនេះអត់ស្វីឆ្ងាញ់ទេ។
ムホー(プ)・ニッ・オ(ト)・サウ・チュガニュ・テー

「まだ～しない」はមិន／អត់ទាន់～ទេ [ムン／オ(ト)・トワン・～・テー] と言います。
「まだ食べません。」

មិនទាន់ញ៉ាំទេ។
ムン・トワン・ニャム・テー

មាន [ミーアン]（ある、いる）を使った文を否定文にするときにはគ្មាន～ទេ [クミーアン・～・テー] という形も用いられます。
「私は娘がいません。」

ខ្ញុំគ្មានកូនស្រីទេ។
クニョム・クミーアン・コーン・スラァイ・テー

名詞と名詞をつなぐ文を否定文にするには、មិនមែន～ទេ [ムン・メーン・～・テー] を使います。
「彼は日本人ではありません。」

គាត់មិនមែនជនជាតិជប៉ុនទេ។
コワ(ト)・ムン・メーン・チョン・チア(ト)・チャポン・テー

8　時間関係

カンボジア語では、過去のことであろうが現在のことであろうが未来のことであろうが動詞の形は変わりません。「昨日」や「来週」など時を表す語は、文頭におかれることが多いです。

「昨日、私は映画を観に行きました。」

ម្សិលមិញ　ខ្ញុំទៅមើលកុន។
ムサル・マニュ　クニョム・タウ・ムール・コン

「来週、旅立ちます。」

អាទិត្យក្រោយ ចេញដំណើរ ។　　　（ដំណើរ[ドムナウ] 旅）

アトゥ(ト)・クラァオイ　チェニュ・ドムナウ

「もう～した」というように動作の完了を表すには、文末に ហើយ[ハウィ]をおきます。

「彼はもう行った。」

គាត់ទៅហើយ ។

コワ(ト)・タウ・ハウイ

「もう食べました。」

ញាំហើយ ។

ニャム・ハウイ

「～しているところだ」と現在進行中であることを表すには、動詞の前に កំពុង[コンポン]をおきます。

「私は仕事中です。」

ខ្ញុំកំពុងធ្វើការ ។

クニョム・コンポン・トゥヴー・カー

「～するつもりである」というように近い将来おこなわれる予定であることを表すには、動詞の前に នឹង[ヌン]をおきます。

「私は日本へ行くつもりです。」

ខ្ញុំនឹងទៅប្រទេសជប៉ុន ។

クニョム・ヌン・タウ・プロォテッ・チャポン

9　動詞の連続

連続する動作は、ひとつの文中に接続の言葉をはさまずそのまま動詞句を2つ以上並べて表すことができます。

「魚を買ってくる。」　　　　買う＋魚＋来る

ទិញត្រីមក ។

テニュ・トラァイ・モー(ク)

109
ムーオイ・ロォーイ・プラァム・ブーオン

「野菜を買ってきて炒める。」　　買う＋野菜＋来る＋炒める

ទិញបន្លែមកឆា។

テニュ・ボンラエ・モー(ク)・チャー

ただし、「～してから…する」というように、動作と動作の間の時間的関係を明示したいときには、8の完了のហើយ[ハウイ]を「そして」という意味の接続詞として用います。

「家に持ち帰ってから開けてみる。」　持つ＋行く＋家＋ហើយ[ハウイ]＋開ける＋見る

យកទៅផ្ទះហើយបើកមើល។

ヨー(ク)・タウ・プテアッ・ハウイ・バウ(ク)・ムール

10　助動詞

動詞の前におかれる助動詞のうち、よく使われるものを紹介します。

①「～したい」を意味する ចង់[チョン]

「カンボジア料理が食べたい。」

ចង់ញាំម្ហូបខ្មែរ។

チョン・ニャム・ムホー(プ)・クマエ

②「～しなければならない」を意味する ត្រូវ[トラァウ]

「彼に会わなければならない。」

ត្រូវជួបគាត់។

トラァウ・チューオ(プ)・コワ(ト)

③「～したことがある」を意味する ធ្លាប់[トロワ(プ)]

「そう考えたことがある。」　　　ធ្លាប់គិតអញ្ចឹង។

トロワ(プ)・ク(ト)・オンチャン

「フランスに行ったことがある。」　ធ្លាប់ទៅប្រទេសបារាំង។

トロワ(プ)・タウ・プロォテッ・バラァン

⇒ ដែល[ダエル]にも同様の用法があります（p87参照）。

11 「はい」か「いいえ」で答える疑問文

「はい」か「いいえ」で答える疑問文は、平叙文の語順を変えずに文末に ឬទេ [ルゥー・テー]、ឬ [ルゥー]、ទេ [テー] のいずれかの文末詞をつけて作ります。

① ឬទេ [ルゥー・テー]　普通に「はい」か「いいえ」かを尋ねる場合。

「お酒を飲むのが好きですか（それとも嫌いですか）？」

ចូលចិត្តញុំាស្រាឬទេ?

チョール・チャ(ト)・ニャム・スラァー・ルゥー・テー

② ឬ [ルゥー]　名詞と名詞をつなぐ文を疑問文にする場合、または見たり聞いたりしたことについて驚きや意外な気持ちがある場合。

「これは川ですか？」

នេះជាទន្លេឬ?

ニッ・チーア・トンレー・ルゥー

「お酒を飲むのが好きなの?!」

ចូលចិត្តញុំាស្រាឬ?

チョール・チャ(ト)・ニャム・スラァー・ルゥー

③ ទេ [テー]　相手に何かをすすめたり、「～なんですよね」と確認を示す場合。

「お酒を飲みませんか？」

ញុំាស្រាទេ?

ニャム・スラァー・テー

「お酒を飲むのが好きですよね？」

ចូលចិត្តញុំាស្រាទេ?

チョール・チャ(ト)・ニャム・スラァー・テー

12 疑問詞疑問文

「なに」「だれ」「いつ」「どこ」「どれ」「どう」「いくつ」「どうして」といった疑問詞を使った疑問文は、平叙文と同じ語順のまま、聞きたい部分を疑問詞におき換えて作ります。

① 「なに」の អី [アイ]（または អ្វី [アヴァイ]）
「何を買うの？」
ទិញអីដែរ?
テニュ・アイ・ダエ

― 「シャツを買うよ。」
― ទិញអាវ។　　　　　　　　　　　（អាវ [アーウ] シャツ）
テニュ・アーウ

② 「だれ」の អ្នកណា [ネア(ク)・ナー]
「誰が来ますか？」
អ្នកណាមក?
ネア(ク)・ナー・モー(ク)

― 「僕の友達が来る予定です。」
― មិត្តភ័ក្ត្រខ្ញុំនឹងមក។
ム(ト)・ペア(ク)・クニョム・ヌン・モー(ク)

③ 「いつ」の ពេលណា [ペール・ナー]
「いつ入学するの？」
ពេលណាចូលរៀន?
ペール・ナー・チョール・リィーアン

― 「来年入学します。」
― ចូលរៀនឆ្នាំក្រោយ។
チョール・リィーアン・チュナム・クラァオイ

④ 「どこ」の កន្លែងណា [コンラエン・ナー]
「どこに行きたいですか？」
ចង់ទៅកន្លែងណា?
チョン・タウ・コンラエン・ナー

― 「シェムリアップに行きたいです。」
― ចង់ទៅសៀមរាប។
チョン・タウ・スィーアム・リィーア(プ)

⑤「どれ」の មួយណា [ムーオイ・ナー]
「どれが好きですか？」

ចូលចិត្តមួយណា?
チョール・チャ(ト)・ムーオイ・ナー

— 「私はこれが好きです。」
— ខ្ញុំចូលចិត្តមួយនេះ។
クニョム・チョール・チャ(ト)・ムーオイ・ニッ

⑥「どう」の យ៉ាងមេ៉ច [ヤーン・マ(チ)]
「どうしたら良い？」

ធ្វើយ៉ាងមេ៉ចល្អ?
トゥヴー・ヤーン・マ(チ)・ルオー

— 「私も分からないよ。」
— ខ្ញុំក៏មិនដឹងដែរ។
クニョム・コー・ムン・ダン・ダエ

⑦「いくつ」の ប៉ុន្មាន [ポンマーン]
「いくつ要りますか？」

ត្រូវការប៉ុន្មាន?
トラァウ・カー・ポンマーン

— 「2つ要ります。」
— ត្រូវការ២។
トラァウ・カー・ピー

⑧「どうして」の ហេតុអី [ハエ(ト)・アイ]（または ហេតុអ្វី [ハエ(ト)・アヴァイ]）
答える文は ពីព្រោះ [ピー・プロォッ]（なぜなら）ではじめます。
「どうして泣いているの？」

ហេតុអីបានយំ?
ハエ(ト)・アイ・バーン・ヨム

― 「試験に落ちちゃったんだよ。」
― ពីព្រោះប្រឡងធ្លាក់។　　　　（ប្រឡង[プロォローン]試験を受ける）
　　ピー・プロォッ・プロォローン・トレア(ク)　　（ធ្លាក់[トレア(ク)]落ちる）

13　前置詞

よく使う前置詞を紹介します。

① 「〜から」の ពី [ピー]
「部屋から出る。」
ចេញពីបន្ទប់។　　　　　　　　　　（បន្ទប់[ボント(プ)]部屋）
チェニュ・ピー・ボント(プ)

② 「〜で（道具）」の នឹង [ヌン]
「鍋で米を炊く。」
ដាំបាយនឹងឆ្នាំង។　　　　　　　　（ឆ្នាំង[チュナン]鍋）
ダム・バーイ・ヌン・チュナン

③ 「〜と一緒に」の ជាមួយ [チーア・ムーオイ]
「あなたと行きたい。」
ចង់ទៅជាមួយអ្នក។
チョン・タウ・チーア・ムーオイ・ネア(ク)

④ 「〜と（名詞と名詞を並べる）」の នឹង [ヌン]
「英語と中国語ができる。」
ចេះភាសាអង់គ្លេសនិងភាសាចិន។
チェッ・ピアサー・オンクレーッ・ヌン・ピアサー・チャン

⑤ 「〜について」の អំពី [オンピー] または ពី [ピー]
「その問題について話す。」
និយាយអំពីបញ្ហានោះ។　　　　　　（បញ្ហា[パニャハー]問題）
ニジーアイ・オンピー・パニャハー・ヌッ

114　១១៤
　　　ムーオイ・ロォーイ・ド(プ)・ブーオン

⑥「～以外に」の ក្រៅពី [クラァウ・ピー]
「これ以外にどこに行きますか？」

ក្រៅពីនេះទៅកន្លែងណា?

クラァウ・ピー・ニッ・タウ・コンラエン・ナー

14　命令・依頼と禁止

①命令・依頼

「～しなさい」と命令する文は、平叙文と同じ形です。

「ここに座りなさい。」

អង្គុយទីនេះ។

オンクイ・ティー・ニッ

「どうぞ～してください」と丁寧に依頼するには、文頭に សូម [ソーム] または សូមអញ្ជើញ [ソーム・オンチューニュ] をつけます。

「どうぞお座りください。」

សូមអញ្ជើញអង្គុយ។

ソーム・オンチューニュ・オンクイ

「すみませんが～してください」と、自分のために相手に動いてもらうときの丁寧な表現は、文頭に សូមមេត្តា [ソーム・メッター] をつけましょう。さらに文末に ផង [ポーン] をつけることもできます。

「すみませんが手伝ってください。」

សូមមេត្តាជួយផង។

ソーム・メッター・チューオイ・ポーン

②禁止

「～するな」「～しないで」と禁止を表すには、文頭に កុំ [コム] をおきます。

「入るな。」

កុំចូល។

コム・チョール

禁止を丁寧にするには、កុំ [コム] の前に សូម [ソーム] をつけましょう。

115

「お入りにならないでください。」
    សូមកុំចូល។
    ソーム・コム・チョール

15 使役

「～に・・・させる」という使役の表現は「អោយ [アォイ] ＋ 人 ＋ 動詞」です。

「子供に学校に行かせる。」
    អោយកូនទៅសាលារៀន។
    アオイ・コーン・タウ・サラー・リィーアン

「職員に仕事させる。」
    អោយបុគ្គលិកធ្វើការ។
    アオイ・ボカル(ク)・トゥヴー・カー

「私に～させて」もよく使われます。

「私に行かせて。」
    អោយខ្ញុំទៅ។
    アオイ・クニョム・タウ

砂糖椰子の木

ヴィジュアルカンボジア語

1. 服装
2. 持ち物
3. 家の中
4. 台所
5. 街
6. 自然
7. 野菜
8. 果物
9. 動物
10. 家族

ムーオイ・ロォーイ・ド(プ)・プラァム・ピー

ヴィジュアルカンボジア語 −1−

សំលៀកបំពាក់
ソムリーア(ク)・ボンペア(ク)

Track 85

服装

眼鏡 វែនតា ヴァエンター

ぼうし មួក ムーオ(ク)

ネックレス ខ្សែក クサエ・コー

シャツ អាវ アーウ

Tシャツ អាវយឺត アーウ・ユー(ト)

ズボン ខោ カオ

スカート សំពត់ ソンポッ(ト)

靴下 ស្រោមជើង スラァオム・チューン

靴 ស្បែកជើង スバエ(ク)・チューン

サンダル ស្បែកជើងសង្រែក スバエ(ク)・チューン・ソンラァエ(ク)

១១៨
ムーオイ・ロォーイ・ド(プ)・プラァム・バイ

ヴィジュアル カンボジア語 －2－

តង់វ៉ាន់
アイヴァン

Track 86

持ち物

- スーツケース **វ៉ាលីស** ヴァリーッ
- パソコン **កំព្យូទ័រ** コンピューター
- 書類 **លិខិតស្នាមដៃ** リカ(ト)・チュローン・ダエン
- パスポート **លិខិតឆ្លងដែន** リカ(ト)・チュローン・ダエン
- 財布 **កាបូបលុយ** カボー(プ)・ロイ
- 航空券 **សំបុត្រយន្តហោះ** ソンボ(ト)・ヨン・ホッ
- お金 **លុយ** ロイ
- 鍵 **កូនសោ** コーン・サオ
- カメラ **ម៉ាស៊ីនថត** マスィーン・トー(ト)
- 辞書 **វចនានុក្រម** ヴァチャナヌクロオム
- かばん **កាបូប** カボー(プ)
- 本 **សៀវភៅ** スィアウパウ
- ノート **សៀវភៅសរសេរ** スィアウパウ・ソーセー
- 修正液 **ទឹកលុប** トゥ(ク)・ロ(プ)
- 携帯電話 **ទូរស័ព្ទដៃ** トゥールッサ(プ)・ダイ
- ハンカチ **កូនកន្សែង** コーン・コンサエン
- 薬 **ថ្នាំ** トゥナム
- ペ(ン) **ប៊ិច** ビッチ

១១៩
ムーオイ・ロォーイ・ド(プ)・プラアム・ブーオン

119

ヴィジュアルカンボジア語 −3−

ក្នុងផ្ទះ
クノン・プテアッ

Track 87

家の中

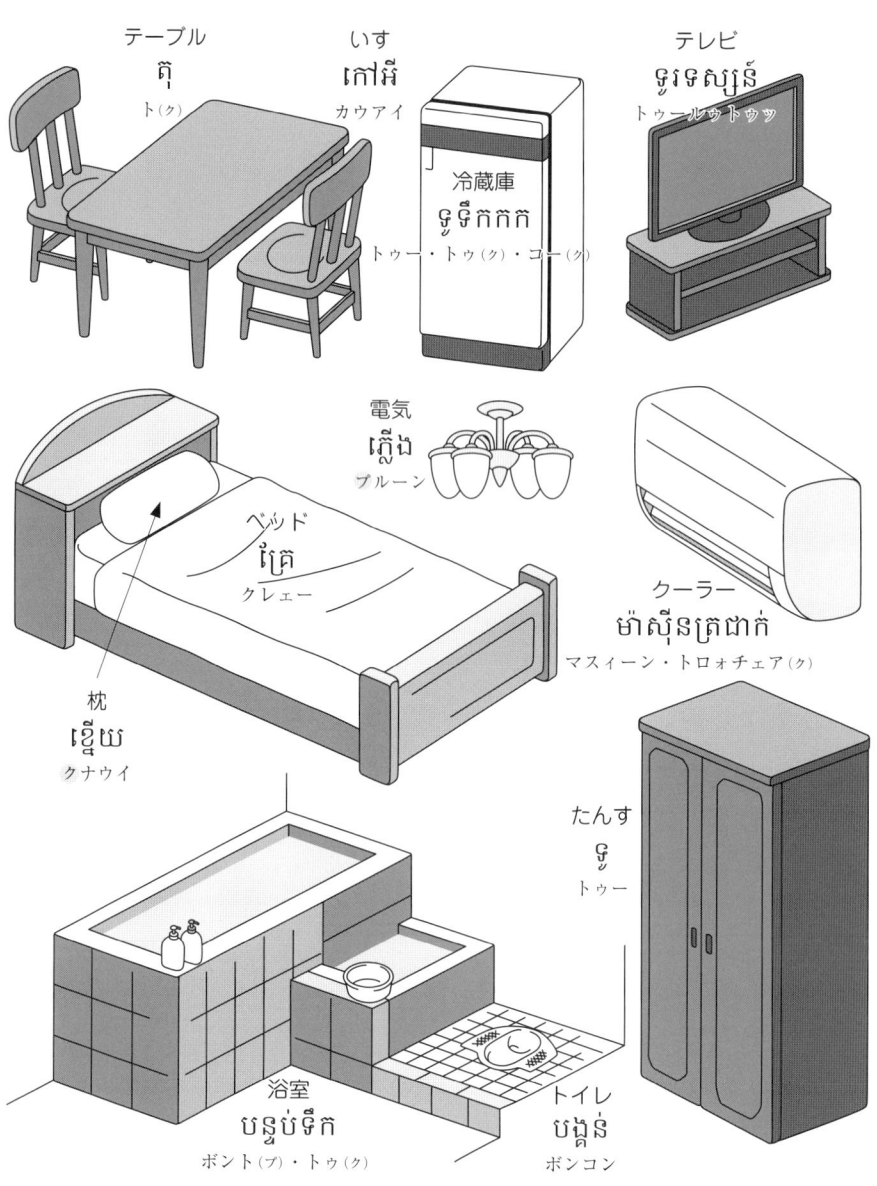

テーブル តុ ト(ク)

いす កៅអី カウアイ

冷蔵庫 ទូទឹកកក トゥ・トゥ(ク)・コー(ク)

テレビ ទូរទស្សន៍ トゥールゥトゥッ

ベッド គ្រែ クレェー

電気ភ្លើង プルーン

クーラー ម៉ាស៊ីនត្រជាក់ マスィーン・トロォチェア(ク)

枕 ខ្នើយ クナウイ

たんす ទូ トゥー

浴室 បន្ទប់ទឹក ボント(ブ)・トゥ(ク)

トイレ បង្គន់ ボンコン

120
១២០
ムーオイ・ロォーイ・ムペイ

ヴィジュアル カンボジア語 -4-

ផ្ទះបាយ
プテア・バーイ

Track 88

台所

- 鍋 ឆ្នាំង チュナン
- かまど ចង្ក្រាន チョンクラーン
- まき ឧស オッ
- 炭 ធ្យូង クチューン
- 油 ប្រេង プレーン
- 包丁 កាំបិត カンバ(ト)
- スプーン ស្លាបព្រា スラー(プレー)プリィーア
- フォーク សម ソーム
- 箸 ចង្កឹះ チョンカッ
- ចាន チャーン
- コップ កែវ カエウ

១២១
ムーオイ・ロォーイ・ムペイ・ムーオイ

ヴィジュアル カンボジア語 −5−

ទីក្រុង
ティー・クロォン

Track 89

街

- ビル អាគារ アキーア
- 道路 ផ្លូវ プラウ
- バス ឡានក្រុង ラーン・クロォン
- 自動車 ឡាន ラーン
- シクロー ស៊ីក្លូ スィクロー
- バイク ម៉ូតូ モトー
- トゥクトゥク រ៉ឺម៉ក ルゥモー(ク)
- 自転車 កង់ コン
- 店 ហាង ハーン
- 市場 ផ្សារ プサー
- 家 ផ្ទះ プテアッ
- 信号 ភ្លើងស្តុប プルーン・スト(プ)
- 警察官 ប៉ូលិស ポリッ

122
១២២
ムーオイ・ロォーイ・ムペイ・ピー

ヴィジュアル カンボジア語 －6－

ធម្មជាតិ
トワマチーア(ト)

Track 90

自然

太陽 ព្រះអាទិត្យ プレア・アトゥ(ト)

月 ព្រះចន្ទ プレア・チャン

星 ផ្កាយ プカーイ

雲 ពពក ポポー(ク)

空 មេឃ メー(ク)

山 ភ្នំ プノム

海 សមុទ្រ サモ(ト)

川 ស្ទឹង ストゥン

魚 ត្រី トライ

大きな川 ទន្លេ トンレー

虫 សត្វល្អិត サ(ト)・ルア(ト)

花 ផ្កា プカー

木 ដើមឈើ ダウム・チュー

១២៣
ムーオイ・ロォーイ・ムペイ・バイ

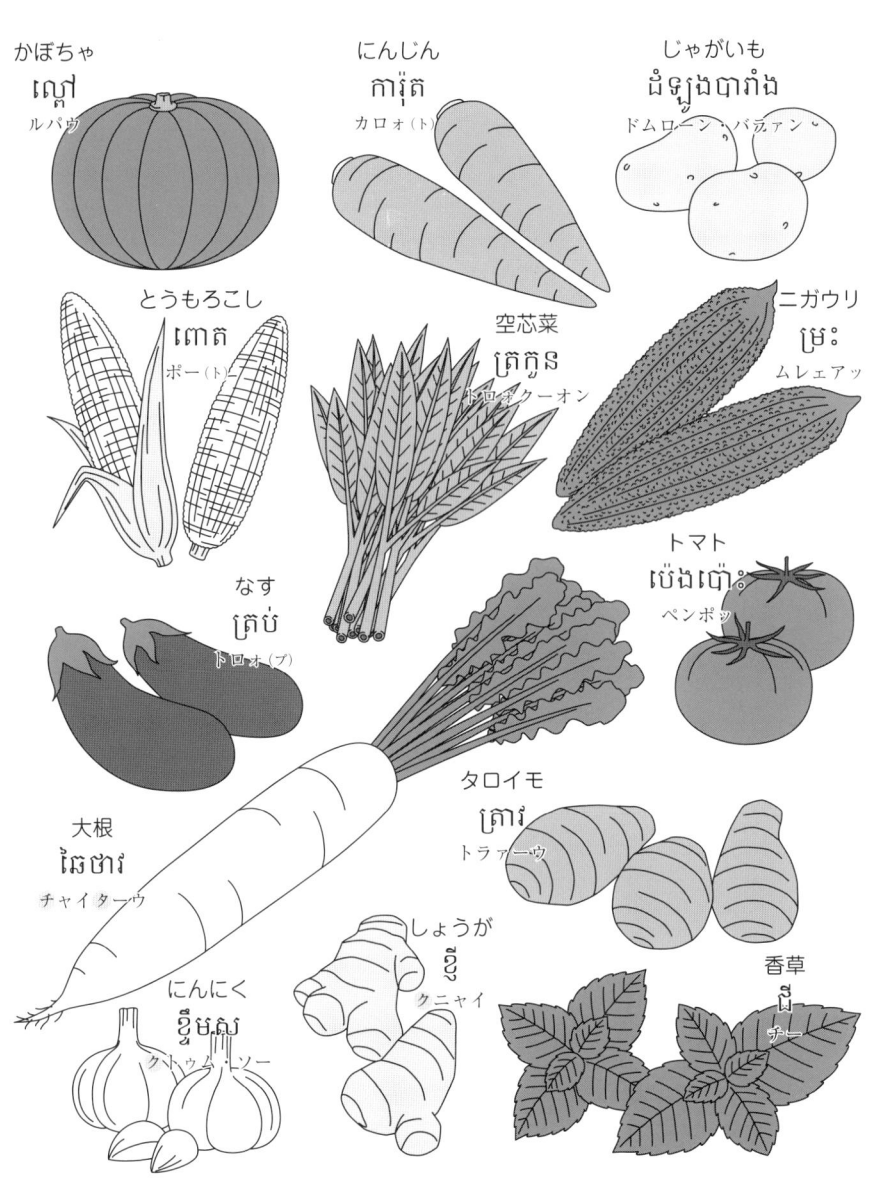

ヴィジュアルカンボジア語 —7—

បន្លែ
ボンラエ

Track 91

野菜

かぼちゃ
ល្ពៅ
ルパウ

にんじん
ការ៉ុត
カロォ(ト)

じゃがいも
ដំឡូងបារាំង
ドムローン・バラアン

とうもろこし
ពោត
ポー(ト)

空芯菜
ត្រកួន
トロォクーオン

ニガウリ
ម្រះ
ムレェアッ

なす
ត្រប់
トロォ(ブ)

トマト
ប៉េងប៉ោះ
ペンポッ

大根
ឆៃថាវ
チャイターウ

タロイモ
ត្រាវ
トラァーウ

にんにく
ខ្ទឹមស
クトゥッ(ム)・ソー

しょうが
ខ្ញី
クニャイ

香草
ជីរ
チー

124
១២៤
ムーオイ・ロォーイ・ムペイ・ブーオン

ヴィジュアルカンボジア語 —8—

ផ្លែឈើ
プラエ・チュー

Track 92

果物

バナナ ចេក チェー(ク)

マンゴー ស្វាយ スヴァーイ

オレンジ ក្រូច クロオー(チ)

ドリアン ធុរេន トゥレーン

ドラゴンフルーツ ស្រកានាគ スロォカー・ニアッ(ク)

りんご ប៉ោម パオム

リュウガン មៀន ミーアン

シュガーアップル ទៀប ティーア(プ)

ランブータン សាវម៉ាវ サウマーウ

マンゴスチン មង្ឃុត モンコ(トゥ)

ぶどう ទំពាំងបាយជូរ トンペアン・バーイ・チュー

パイナップル ម្នាស់ ムノワッ

ミルクフルーツ ផ្លែទឹកដោះគោ プラエ・トゥ(ク)・ドッ・コー

១២៥
ムーオイ・ロォーイ・ムペイ・プラム

ヴィジュアルカンボジア語 －9－

សត្វ
サ(ト)

動物

- 犬 ឆ្កែ チュカエ
- 猫 ឆ្មា チュマー
- うさぎ ទន្សាយ トンサーイ
- へび ពស់ ポッ
- 牛 គោ コー
- にわとり មាន់ モワン
- 水牛 ក្របី クロォバイ
- 魚 ត្រី トラァイ
- 象 ដំរី ドムラァイ
- 豚 ជ្រូក チュルゥー(ク)
- からす ក្អែក クアエ(ク)

១២៦
ムーオイ・ロォーイ・ムペイ・プラァム・ムーオイ

ヴィジュアルカンボジア語 －10－

គ្រួសារ
クルゥーオサー

家族

Track 94

叔母 មីង ミーン
叔父 ពូ プー
伯父 អំប្រុស オム・プロォッ
伯母 អំស្រី オム・スラァイ
私 ខ្ញុំ クニョム
父 ឪពុក アウボ(ク)
母 ម្ដាយ ムダーイ
妻 ប្រពន្ធ プロオポン
夫 ប្ដី プダイ
姉 បងស្រី ボーン・スラァイ
兄 បងប្រុស ボーン・プロォッ
祖母 យាយ ジェアーイ
祖父 តា ター
弟 ប្អូនប្រុស プオーン・プロォッ
子 កូន コーン
妹 ប្អូនស្រី プオーン・スラァイ

（祖父母には）孫
ចៅ
チャウ

១២៧
ムーオイ・ロォーイ・ムペイ・プラァム・ピー

127

プノンペンの街並みを望む

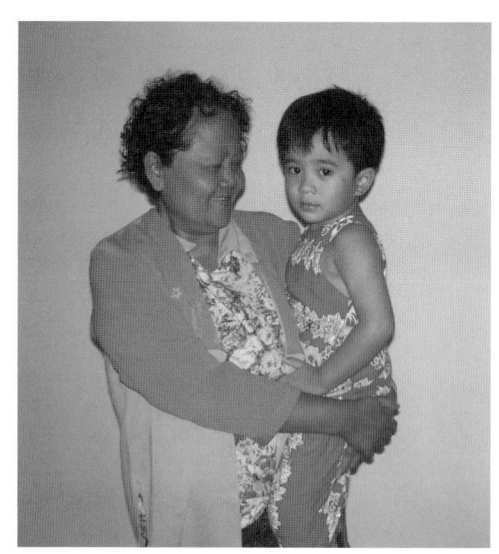

孫を抱く祖母

໑๒๘
ムーオイ・ロォーイ・ムペイ・プラァム・バイ

単語 INDEX

本書で使われている単語を、「日本語－カンボジア語」で引ける辞書形式にまとめています。数字は、初出あるいは参照すべき箇所のページを示しました。

あ

愛する	ស្រឡាញ់	スロォラニュ	39
(～時と…時の)間	ចន្លោះ	チョンロッ	94
アイロン	ឆ្នាំងអ៊ុត	チュナン・オ(ト)	34
会う	ជួប	チューオ(プ)	89
青	ខៀវ	キーアウ	34
赤	ក្រហម	クロォホーム	33
上がる	ឡើង	ラウン	62
あけましておめでとうございます	សួស្តីឆ្នាំថ្មី	スーオスダイ・チュナム・トゥマイ	18
開ける	បើក	バウ(ク)	110
朝	ព្រឹក	ブルウ(ク)	45
明後日	ខានស្អែក	カーン・スアエ(ク)	26
足、脚	ជើង	チューン	29
明日	ថ្ងៃស្អែក	トゥガイ・スアエ(ク)	26
遊ぶ	លេង	レーン	42
(～に)値する	គួរអោយ	クーオ・アオイ	37
与える	អោយ	アオイ	50
頭	ក្បាល	クバール	70
新しい	ថ្មី	トゥマイ	38
暑い／熱い	ក្តៅ	クダウ	30
あなた (一般的に)	អ្នក	ネア(ク)	19
あなた (男性へ)	លោក	ロー(ク)	19
あなた (既婚女性へ)	អ្នកស្រី	ネア(ク)・スラァイ	19
あなた (若い女性へ)	នាង	ニーアン	19
あなた (目上の女性へ)	លោកស្រី	ロー(ク)・スラァイ	19
兄	បងប្រុស	ボーン・プロッ	127
姉	បងស្រី	ボーン・スラァイ	127
油	ប្រេង	プレーン	121
あまり～ではない	មិន／អត់ ស្ងី～ទេ	ムン／オ(ト)・サゥ・～・テー	108
アメリカ	អាមេរិក	アメリィ(ク)	35
ありがとう	អរគុណ	オー・クン	4
(～は)ありますか?	មាន～ទេ?	ミーアン・～・テー	6
ある、持っている	មាន	ミーアン	21
(～に)ある、いる	នៅ～	ナウ・～	45
歩く	ដើរ	ダウ	51
あれ	នោះ	ヌッ	29
あれ	អានោះ	アー・ヌッ	33
憐れむ	អាណិត	アナ(ト)	39
アンコール遺跡	ប្រាសាទអង្គរ	プラサー(ト)・オンコー	83
アンコールワット	អង្គរវត្ត	オンコー・ヴォワ(ト)	87
安全	សុវត្ថិភាព	ソヴァタピーア(プ)	89

い

家	ផ្ទះ	プテアッ	22
～以外に	ក្រៅពី	クラゥ・ピー	115
怒りを感じる	នឹកខឹង	ヌ(ク)・カン	82
イギリス	អង់គ្លេស	オンクレー(ス)	35
行く	ទៅ	タウ	22
いくつ	ប៉ុន្មាន	ポンマーン	21
いくつかの～	～ខ្លះ	～・クラッ	46
いくらですか?	ថ្លៃប៉ុន្មាន?	トライ・ポンマーン	7
医師	គ្រូពេទ្យ	クルー・ペー(ト)	27
意地悪な	កាច	カー(チ)	61

១៣០
ムーオイ・ロォーイ・サームサ(プ)

日本語	クメール語	読み	ページ
遺跡	ប្រាសាទ	プラアサー(ト)	83
忙しい	ជាប់រវល់	チョワ(ブ)・ロォヴォル	41
いす	កៅអី	カウアイ	120
急ぐ	ប្រញាប់	ブロォニャ(ブ)	62
痛い	ឈឺ	チュー	69
炒める	ឆា	チャー	110
1	មួយ	ムーオイ	21
1月	ខែមួយ	カエ・ムーオイ	91
1月	ខែមករា	カエ・メアカラアー	91
市場	ផ្សារ	プサー	6
一番〜だ	~ជាងគេ	〜・チーアン・ケー	53
10000	មួយម៉ឺន	ムーオイ・ムーン	23
いつ	ពេលណា	ペール・ナー	112
1回	ម្ដង	ムドーン	53
(〜と)一緒に	ជាមួយ	チーア・ムーオイ	41
いつも	ជានិច្ច	チーア・ネ(チ)	58
田舎	ជនបទ	チョナボ(ト)	88
犬	ឆ្កែ	チュカエ	126
命	ជីវិត	チーヴ(ト)	78
今	ឥឡូវនេះ	アイラウ・ニ(ッ)	26
意味	ន័យ	ネイ	55
妹	អូនស្រី	ブオーン・スラァイ	127
色	ពណ៌	ポワ	34

う

うさぎ	ទន្សាយ	トンサーイ	126
牛	គោ	コー	126
後ろ	ក្រោយ	クラァオイ	47
歌	ចំរៀង	チョムリーアン	79
歌う	ច្រៀង	チュリーアン	51
疑う	ឆ្ងល់	チュゴル	39
美しい/可愛い	ស្អាត	スアー(ト)	30
生まれる	កើត	カウ(ト)	94
海	សមុទ្រ	サモ(ト)	83
嬉しい	អរ	オー	43

嬉しい	រីករាយ	リィー(ク)・リィーアイ	81

え

映画	កុន	コン	40
え、なんで?!	ម៉េចធ្ងឹង	マ(チ)・チャン	10
NGO	អង្គការក្រៅរដ្ឋាភិបាល	オンカー・クラァウ・ロォタピバール	25
得る	បាន	バーン	39
エンジニア	វិស្វករ	ヴィスヴァコー	27

お

甥、姪	ក្មួយ	クムーオイ	84
おいくつですか	អាយុប៉ុន្មាន?	アーユ・ポンマーン	21
多い、たくさん	ច្រើន	チュラアウン	30
美味しい	ឆ្ងាញ់	チュガニュ	9
大きい	ធំ	トム	22
丘	ភ្នំ	プノム	83
送る	ផ្ញើ	プニャウ	41
(人を)送る	ជូន	チューン	68
怒りっぽい	ខាប់ខឹង	チャ(ブ)・カン	62
怒る	ខឹង	カン	62
お先に失礼します	សុំទៅមុន	ソム・タウ・モン	18
伯父	អ៊ំប្រុស	オム・ブロッ	127
叔父	ពូ	プー	127
教える	បង្រៀន	ボングリーアン	46
遅い	យឺត	ユー(ト)	62
恐れる	ខ្លាច	クラー(チ)	39
穏やかな	ស្ងាត់	スロー(ト)	95
落ちる	ធ្លាក់	トレア(ク)	114
夫	ប្ដី	ブダイ	95
弟	អូនប្រុស	ブオーン・ブロッ	21
男	ប្រុស	ブロッ	21
男の人	បុរស	ボロッ	72

一昨日（おととい）	ម្សិលម្ងៃ	ムサル・ムガイ	26
おなかがいっぱい	ឆ្អែតហើយ	チュアエ(ト)・ハウイ	38
おなかが空いた	ឃ្លានបាយ	クリーアン・バーイ	38
伯母	អ៊ំស្រី	オム・スラァイ	127
叔母	មីង	ミーン	29
思う、考える	គិត	ク(ト)	61
面白い	ល្អមើល	ルオー・ムール	49
(〜だと) 思っていた (けど違った)	ស្មាន	スマーン	73
オレンジ	ក្រូច	クロォー(チ)	125
終わる	ចប់	チョ(プ)	50
女	ស្រី	スラァイ	19

か

〜か？	〜ឬទេ?	〜・ルゥー・テー	42
〜か？	〜ឬ?	〜・ルゥー	42
〜か？	〜ទេ?	〜・テー	42
〜回	〜ដង	〜・ドーン	53
会社	ក្រុមហ៊ុន	クロォム・フン	27
会社員	អ្នកធ្វើការក្រុមហ៊ុន	ネア(ク)・トゥヴー・カー・クロォム・フン	27
買う	ទិញ	テニュ	26
帰る	ទៅវិញ	タウ・ヴニュ	61
顔	មុខ	モ(ク)	55
鍵	កូនសោ	コーン・サオ	119
書く	សរសេរ	ソセー	41
学生	និស្សិត	ニサ(ト)	27
歌手	អ្នកចម្រៀង	ネア(ク)・チョムリィーアン	27
風邪を引く	ផ្តាសាយ	プダサーイ	70
家族	គ្រួសារ	クルゥーオサー	63
ガソリン	សាំង	サン	78
肩	ស្មា	スマー	70

学校	សាលារៀន	サラー・リィーアン	50
かっこいい	សង្ហា	ソンハー	63
合掌	សំពះ	ソンペアッ	17
悲しい、つらい	ពិបាកចិត្ត	ピバー(ク)・チャ(ト)	82
金（かね）	លុយ	ロイ	31
かばん	កាបូប	カボー(プ)	31
かぼちゃ	ល្ពៅ	ルパウ	124
かまど	ចង្ក្រាន	チョンクラァーン	121
カメラ	ម៉ាស៊ីនថត	マスィーン・ト(ト)	119
〜かもしれない	〜ក៏មិនដឹង	〜・コー・ムン・ダン	77
火曜日	ថ្ងៃអង្គារ	トゥガイ・オンキーア	86
〜から	ពី〜	ピー・〜	35
からす	ក្អែក	クアエ(ク)	126
借りる	ខ្ចី	クチャイ	49
彼、彼女	គាត់	コワ(ト)	19
川	ស្ទឹង	ストゥン	123
（大きな）川	ទន្លេ	トンレー	123
観光客	ភ្ញៀវទេសចរ	プニーアウ・テサチョー	83
韓国	កូរ៉េ(ខាងត្បូង)	コレー(・カーン・トゥボーン)	35
看護師（男性）	គិលានុបដ្ឋាក	キリアヌパター(ク)	27
看護師（女性）	គិលានុបដ្ឋាយិកា	キリアヌパタージカー	27
感動する	រំភើបចិត្ត	ロンプー(プ)・チャ(ト)	82
カンボジアの甘味、デザート	ខ្មែរ	クマエ	52
	បង្អែម	ボンアエム	36

き

木	(ដើម)ឈើ	(ダウム・) チュー	123
黄	លឿង	ルーアン	34
期間	រយៈពេល	ロォジェア(ッ)・ペール	94

日本語	クメール語	発音	頁
聞く	ស្ដាប់	スダ(プ)	51
危険	គ្រោះថ្នាក់	クロォッ・トナ(ク)	89
聞こえる	ឮ	ルー	79
北	ខាងជើង	カーン・チューン	47
昨日	ម្សិលមិញ	ムサル・マニュ	26
厳しい	ហត់ចត់	モ(ト)・チョ(ト)	95
気持ち	អារម្មណ៍	アロォム	81
9	ប្រាំបួន	プラム・ブーオン	23
90	កៅសិប	カウサ(プ)	23
今日	ថ្ងៃនេះ	トゥガイ・ニッ	26
教師	គ្រូបង្រៀន	クルゥー・ボングリーアン	24
きょうだい	បងប្អូន	ボーン・ブオーン	21
(年上の)きょうだい	បង	ボーン	21
(年下の)きょうだい	ប្អូន	ブオーン	21
去年	ឆ្នាំមុន	チュナム・モン	94
去年	ឆ្នាំទៅ	チュナム・タウ	94
切る	កាត់	カ(ト)	51
着る	ពាក់	ペア(ク)	51
キロ	គីឡូ	キロー	104
気を付ける	ប្រយ័ត្ន	プロォヤ(ト)	88
勤勉な	ឧស្សាហ៍	ウッサー	59
金曜日	ថ្ងៃសុក្រ	トゥガイ・ソ(ク)	86

く

クイティオ（料理名）	គុយទាវ	クイティーアウ	55
空港	ព្រលានយន្តហោះ	プロォリーアン・ヨン・ホッ	92
空芯菜	ត្រកួន	トロォクーオン	124
クーラー	ម៉ាស៊ីនត្រជាក់	マスィーン・トロォチェア(ク)	34
9月	ខែ៩	カエ・プラム・ブーオン	91

日本語	クメール語	発音	頁
9月	ខែកញ្ញា	カエ・カンニャー	91
薬	ថ្នាំ	トゥナム	68
果物	ផ្លែឈើ	プラエ・チュー	125
口	មាត់	モワ(ト)	70
靴	ស្បែកជើង	スバエ(ク)・チューン	29
靴下	ស្រោមជើង	スラァオム・チューン	118
国	ប្រទេស	プロォテッ	35
国、故郷	ស្រុក	スロォ(ク)	52
首	ក	コー	70
雲	ពពក	ポポー(ク)	123
来る	មក	モー(ク)	35
黒	ខ្មៅ	クマウ	34

け

警察官	ប៉ូលីស	ポリッ	122
携帯電話	ទូរស័ព្ទដៃ	トゥールゥサ(プ)・ダイ	34
怪我する	របួស	ロォブーオッ	70
景色	ទេសភាព	テサピーア(プ)	81
消す	លុប	ロ(プ)	101
ゲストハウス	ផ្ទះសំណាក់	プテア(ッ)・ソムナ(ク)	83
結婚する	រៀបការ	リーア(プ)・カー	84
月曜日	ថ្ងៃចន្ទ	トゥガイ・チャン	86
言語	ភាសា	ピアサー	56
元気だ	សុខសប្បាយ(ជាទេ)	ソ(ク)・サッバーイ(・チーア・テー)	17
研究者	អ្នកស្រាវជ្រាវ	ネア(ク)・スラァウチュリィーアウ	27
健康	សុខភាព	ソカピーア(プ)	82

こ

5	ប្រាំ	プラム	23
航空券	សំបុត្រយន្តហោះ	ソンボ(ト)・ヨン・ホッ	119
香草	ជី	チー	124

日本語	クメール語	読み	頁
交通	ចរាចរណ៍	チョラァチョー	89
交通事故	គ្រោះថ្នាក់ចរាចរណ៍	クロオッ・トナ(ク)・チョラァチョー	89
5月	ខែឧសភា	カエ・プラ␣ム	91
5月	ខែឧសភា	カエ・ウサピーア	91
ここ	ទីនេះ	ティー・ニッ	46
ココナツミルク	ខ្ទិះ	クティッ	36
心	ចិត្ត	チャ(ト)	67
ご機嫌はいかが？	សុខសប្បាយទេ?	ソ(ク)・サッバーイ・チーア・テー	17
50	ហាសិប	ハーサ(プ)	23
骨折する	បាក់ឆ្អឹង	バ(ク)・チュアン	70
コップ	កែវ	カエウ	121
〜ごと	ទាំង〜	テアン・〜	78
今年	ឆ្នាំនេះ	チュナム・ニッ	94
子供	កូន	コーン	50
好む	ចូលចិត្ត	チョール・チャ(ト)	42
このような	បែបនេះ	バエ(プ)・ニッ	80
ご飯	បាយ	バーイ	9
ご飯食べた？	ញ៉ាំបាយហើយនៅ?	ニャム・バーイ・ハウイ・ナウ	18
ご飯だよ	ញ៉ាំបាយ	ニャム・バーイ	9
米	អង្ករ	オンコー	104
〜頃	ប្រហែល〜	ブロハエル・〜	94
これ	នេះ	ニッ	29
これ	អានេះ	アー・ニッ	33
怖い	ខ្លាច	ペイ	43
混同する	ច្រឡំ	チュロォロム	73
こんにちは	ជំរាបសួរ	チョムリーア(プ)・スーオ	2

さ

日本語	クメール語	読み	頁
さあ（〜しよう）	តោះ	トッ	8
〜歳である	អាយុ	アーユ	21
財布	កាបូបលុយ	カボー(プ)・ロイ	119
探す	រក	ロォー(ク)	33
魚	ត្រី	トライ	105
先	មុន	モン	26
さきほど	អំបាញ់មិញ	オンバニュ・マニュ	89
酒	ស្រា	スラァー	42
下げる	ចុះ	チョッ	29
（人）に〜させる	អោយ+（人）+〜	アオイ+（人）+〜	49
作家	អ្នកនិពន្ធ	ネア(ク)・ニポン	27
（会えなくて）寂しい	នឹក	ヌ(ク)	82
寒い／冷たい	ត្រជាក់	トロォチェア(ク)	30
さようなら（丁寧）	ជំរាបលា	チョムリーア(プ)・リーア	2
さようなら（親しい人へ）	លាហើយ	リーア・ハウイ	18
皿	ចាន	チャーン	121
3	បី	バイ	23
〜さん（男性へ）	លោក〜	ロー(ク)・〜	17
〜さん（既婚女性へ）	អ្នកស្រី〜	ネア(ク)・スラァイ・〜	19
〜さん（若い女性へ）	នាង〜	ニーアン・〜	19
〜さん（目上の女性へ）	លោកស្រី〜	ロー(ク)・スラァイ・〜	19
3月	ខែបី	カエ・バイ	91
3月	ខែមីនា	カエ・ミーナー	91
参加する	ចូលរួម	チョール・ルーオム	39
30	សាមសិប	サームサ(プ)	23
サンダル	ស្បែកជើងសន្ត្រែក	スバエ(ク)・チューン・ソンラァエ(ク)	118

し

日本語	クメール語	読み	頁
4	បួន	ブーオン	23
〜時	ម៉ោង〜	マオン・〜	66

シェムリアップ（地名）	សៀមរាប	スィーアム・リィーア（プ）	22	しとやかな	សុភាព	ソピーア（プ）	95
4月	ខែបួន	カエ・ブーオン	91	〜しない	មិន／អត់〜ទេ	ムン／オ（ト）・〜・テー	30
4月	ខែមេសា	カエ・メーサー	91	〜しなければならない	ត្រូវ〜	トラウ・〜	110
幸せな	សប្បាយ	サッパーイ	81	〜しなよ	〜ចុះ	〜・チョッ	37
CDプレーヤー	ម៉ាស៊ីនចាក់ស៊ីឌី	マスィーン・チャ（ク）・スィディー	34	じゃがいも	ដំឡូងបារាំង	ドムローン・バラァン	124
時間	ពេល	ペール	45	写真	រូបថត	ルゥー（プ）・ト（ト）	107
時間	ម៉ោង	マオン	62	週	អាទិត្យ	アトゥ（ト）	26
式	ពិធី	ピティー	85	週	សប្តាហ៍	サパダー	85
シクロ（自転車タクシー）	ស៊ីក្លូ	スィクロー	90	10	ដប់	ド（プ）	23
試験を受ける	ប្រឡង	プロォローン	114	11月	ខែ១១	カエ・ド（プ）・ムーオイ	91
仕事	ការ	カー	25	11月	ខែវិច្ឆិកា	カエ・ヴィチェカー	91
辞書	វចនានុក្រម	ヴァチャナヌクロォム	119	10月	ខែ១០	カエ・ド（プ）	91
自然	ធម្មជាតិ	トワマチア（ト）	123	10月	ខែតុលា	カエ・トラー	91
〜したい	ចង់〜	チョン・〜	39	習得する	ចេះ	チェッ	67
〜したことがある	ដែល〜	ダエル・〜	85	修正液	ទឹកលុប	トゥ（ク）・ロ（プ）	119
〜したことがある	ធ្លាប់〜	トロワ（プ）・〜	110	12月	ខែ១២	カエ・ド（プ）・ピー	91
〜したばかり	ទើបតែ〜	トゥー（プ）・タエ・〜	57	12月	ខែធ្នូ	カエ・トゥヌー	91
仕立てる	កាត់	カ（ト）	84	シュガーアップル	ទៀប	ティーア（プ）	125
7	ប្រាំពីរ	プラァム・ピー	23	主婦	មេផ្ទះ	メー・プテァッ	27
7月	ខែ៧	カエ・プラァム・ピー	91	しょうが	ខ្ញី	クニャイ	124
7月	ខែកក្កដា	カエ・カッカダー	91	小学校	សាលាបឋមសិក្សា	サラー・バトムサクサー	24
〜して！	〜ផង!	〜・ポーン	43	生じる	កើត	カウ（ト）	69
〜して…だ	…ដោយបាន…	…ダオイ・バーン・…	82	商人	ពាណិជ្ជករ	ピアニッチャコー	27
〜しているところだ	កំពុង〜	コンポン・〜	109	職員、スタッフ	បុគ្គលិក	ボカル（ク）	25
				書類	ឯកសារ	アエカサー	119
〜してください	សុំ〜	ソム・〜	46	知る（内容を）	ដឹង	ダン	67
自転車	កង់	コン	90	知る（人や物を）	ស្គាល់	スコワル	67
自動車	ឡាន	ラーン	90	白	ស	ソー	33

日本語	クメール語	読み	ページ
～人	ជនជាតិ~	チョン・チア(ト)・~	72
信号	ភ្លើងស្តុប	プルーン・スト(プ)	122
心配だ	ព្រួយបារម្ភ	プルゥーオイ・バロオム	82
新聞	កាសែត	カサエ(ト)	27
新聞記者	អ្នកកាសែត	ネア(ク)・カサエ(ト)	27

す

水牛	ក្របី	クロオバイ	126
水曜日	ថ្ងៃពុធ	トゥガイ・ポ(ト)	86
スーツケース	កាំលីស	ヴァリーッ	119
末	ចុង	チョン	85
スカート	សំពត់	ソンポ(ト)	118
少ない	តិច	タ(チ)	30
少し	បន្តិច	ポンタ(チ)	29
捨てる	ចោល	チャオル	51
すばらしい	អស្ចារ្យ	オスチャー	81
すべての～	អស់~	オッ・~	78
スプーン	ស្លាបព្រា	スラー(プ)・プリーア	121
ズボン	ខោ	カオ	118
炭	ធ្យូង	クチューン	121
すみません、ごめんなさい	សុំទោស	ソム・トーッ	5
すみませんが～してください	សូមមេត្តា~(ផង)	ソーム・メッター・~・(ポーン)	115
する	ធ្វើ	トゥヴー	25
～するな	កុំ~	コム・~	89
座る	អង្គុយ	オンクイ	51

せ

政府	រដ្ឋាភិបាល	ロォタピバール	25
0	សូន្យ	ソーン	23
1000	មួយពាន់	ムーオイ・ポワン	23
先週	អាទិត្យមុន	アトゥ(ト)・モン	26
先生（男性の）	លោកគ្រូ	ロー(ク)・クルウー	19

先生（女性の）	អ្នកគ្រូ	ネア(ク)・クルウー	19
全然（～ない）	សោះ	ソッ	43
洗濯機	ម៉ាស៊ីនបោកខោអាវ	マスィーン・バオ(ク)・カオ・アーウ	34
扇風機	កង្ហារ	コンハル	32

そ

象	ដំរី	ドムライ	126
掃除機	ម៉ាស៊ីនបូមធូលី	マスィーン・ボーム・トゥリー	34
聡明な、頭がいい	ឆ្លាត	チュラー(ト)	94
組織	អង្គការ	オンカー	25
そして	ហើយ	ハウイ	31
外	ក្រៅ	クラァウ	25
祖父	តា	ター	127
祖母	យាយ	ジーアイ	82
空	មេឃ	メー(ク)	123
それ	នោះ	ヌッ	29
それとも	ឬ	ルー	33
それなら	អញ្ចឹង	オンチャン	37
そんなに	ម្ល៉េះ	ムレッ	57

た

田	ស្រែ	スラァエ	80
タイ	ថៃ	タイ	35
大工	ជាងឈើ	チーアン・チュー	27
退屈だ	អផ្សុក	オ(プ)ソ(ク)	82
大根	ឆៃថាវ	チャイターウ	124
大丈夫です	មិនអីទេ	ムン・アイ・テー	4
怠惰な	ខ្ជិល	クチュル	59
台所	ចង្ក្រាន	チョンクラァーン	121
太陽	ព្រះអាទិត្យ	プレア・アトゥ(ト)	123
（高さが）高い	ខ្ពស់	クポッ	30
（値段が）高い	ថ្លៃ	トライ	29

日本語	クメール語	読み	ページ
互いに	គ្នា	クニーア	82
だから	ដូច្នេះ	ドーチュネッ	31
～だからだ	ពីព្រោះ～	ピー・プロォッ・～	59
～だからだ	មកពី～	モー(ク)・ピー・～	59
タクシー	តាក់ស៊ី	タ(ク)スィー	90
～だけ	តែ～	タエ・～	53
～だし…だし	～ផង…ផង	～・ポーン……・ポーン	43
助ける	ជួយ	チューオイ	11
助けて	ជួយផង	チューオイ・ポーン	11
尋ねる	សួរ	スーオ	51
～達	ពួក～	ブーオク・～	93
立つ	ឈរ	チョー	51
楽しい	សប្បាយ	サッバーイ	39
旅	ដំណើរ	ドムナウ	109
食べる	ញ៉ាំ	ニャム	30
たまに	ម្ដងម្កាល	ユー・ユー・ムドーン	58
試す	សាក	サー(ク)	33
～のための	សំរាប់～	ソムラァ(プ)・～	83
だめです	អត់បានទេ	オ(ト)・バーン・テー	29
～だよ	～ហើ	～・タウ	53
誰	អ្នកណា	ネア(ク)・ナー	26
タロイモ	ត្រាវ	トラァーウ	124
たんす	ទូ	トゥー	120

ち

小さい	តូច	トー(チ)	30
近い	ជិត	チュ(ト)	38
違います	មិនមែនទេ	ムン・メーン・テー	73
力	កំលាំង	コムラン	78
父	ឪពុក	アウポ(ク)	92
中国	ចិន	チン	35

つ

(～に) ついて	អំពី～	オンピー・～	82
(～に) ついて	ពី～	ピー・～	114
疲れる	នឿយហត់	ヌーアイ・ホ(ト)	82
(暦の) 月	ខែ	カエ	52
(夜空の) 月	ព្រះចន្ទ	プレア・チャン	123
尽きる	អស់	オッ	77
(電気を) つける	បើក	バウ(ク)	33
伝える	ប្រាប់	プラァ(プ)	86
妻	ប្រពន្ធ	プロォポン	52
(～する) つもりだ	នឹង～	ヌン・～	85

て

手、腕	ដៃ	ダイ	70
～で (道具)	នឹង～	ヌン・～	114
～で、～に (場所)	នៅ～	ナウ・～	25
～である	ជា	チーア	25
～である	គឺជា	クー・チーア	107
テーブル	តុ	ト(ク)	120
Tシャツ	អាវយឺត	アーウ・ユー(ト)	118
定期的に	ទៀងទាត់	ティーアン・トワ(ト)	58
～できる	អាច～បាន	アー(チ)・～・バーン	5
～できる？	～បានទេ?	バーン・テー	29
～ではない	មិនមែន～ទេ	ムン・メーン・～・テー	108
では～はどうですか？	ចុះ～វិញ?	チョッ・～・ヴニュ	25
でも、しかし	ប៉ុន្តែ	ポンタエ	29
でも、しかし	តែ	タエ	31
寺	វត្ត	ヴォワ(ト)	83
出る	ចេញ	チェニュ	46
テレビ	ទូរទស្សន៍	トゥールウトゥッ	34
電気	ភ្លើង	プルーン	120
電車	រថភ្លើង	ロォ(ト)・プルーン	90
電池	ថ្ម	トゥモー	77
電話、電話する	ទូរស័ព្ទ	トゥールサ(プ)	34

と

日本語	クメール語	読み	ページ
〜と…	～និង…	〜・ヌン・…	55
〜と（言う）	ថា〜	ター・〜	37
ドイツ	អាល្លឺម៉ង់	アルモン	35
トイレ	បង្គន់	ボンコン	120
どう	យ៉ាងម៉េច	ヤーン・マ(チ)	113
〜はどういう意味？	～មានន័យជាម៉េច?	〜・ミーアン・ネイ・ター・マ(チ)	7
トゥクトゥク（三輪タクシー）	រ៉ឺម៉ក	ルモ(ク)	90
どうして	ហេតុអី	ハエ(ト)・アイ	59
どうして	ម៉េចក៏	マ(チ)・コー	59
どうぞ〜してください	អញ្ជើញ～	オンチューニュ・〜	45
どうぞ〜してください	សូម～	ソーム・〜	46
到着する	ដល់	ドル	66
道中で	តាមផ្លូវ	ターム・プラウ	65
同等だ	ស្មើគ្នា	スマウ・クニーア	55
動物	សត្វ	サ(ト)	126
とうもろこし	ពោត	ポー(ト)	124
同様だ	ដូចគ្នា	ドー(チ)・クニーア	55
道路	ផ្លូវ	プラウ	122
遠い	ឆ្ងាយ	チュガーイ	38
（〜する）とき	ពេល～	ペール・〜	81
ときどき	ពេលខ្លះ	ペール・クラッ	58
時計	នាឡិកា	ニアリカー	8
どこ	ឯណា	アエ・ナー	45
どこ	កន្លែងណា	コンラエン・ナー	112
〜はどこですか？	～នៅឯណា?	〜・ナウ・アエ・ナー	8
年、〜歳	ឆ្នាំ	チュナム	21
年をとった	ចាស់	チャッ	38
どちらへ？	ទៅណា?	タウ・ナー	6
とても	ណាស់	ナッ	29
とても	យ៉ាងខ្លាំង	ヤーン・クラン	82
どの	ណា	ナー	45
どのように	ម៉េច	マ(チ)	57
トマト	ប៉េងប៉ោះ	ペンポッ	124
泊まる	ស្នាក់	スナ(ク)	83
土曜日	ថ្ងៃសៅរ៍	トゥガイ・サウ	85
ドラゴンフルーツ	ស្រកានាគ	スロォカー・ニーア(ク)	125
ドリアン	ធុរេន	トゥレーン	125
ドル	ដុល្លារ	ドッラー	29
どれ	មួយណា	ムーオイ・ナー	26

な

ない	គ្មាន	クミーアン	46
中	ក្នុង	クノン	53
長い［時間が］	យូរ	ユー	38
長い［長さが］	វែង	ヴェーン	38
泣く	យំ	ヨム	51
なす	ត្រប់	トロォ(プ)	124
70	ចិតសិប	チャ(ト)サ(プ)	23
何	អី	アイ	25
何	អ្វី	アヴァイ	26
鍋	ឆ្នាំង	チュナン	114
名前	ឈ្មោះ	チュモッ	17
（は〜です）（〜に）なる	បាន～	バーン・〜	57
なるほど	អញ្ចឹងហ្ន	オンチャン・オー	10

に

2	ពីរ	ピー	23
ニガウリ	ម្រះ	ムレア	124
2月	ខែកុម្ភៈ	カエ・ピー	91
2月	ខែកុម្ភៈ	カエ・コンペア(ッ)	91
ニキビ	មុន	モン	59
西	ខាងលិច	カーン・レ(チ)	47
20	ម្ភៃ	ムペイ	23

138
ムーオイ・ローオイ・サームサ(プ)・プラム・バイ

日本語	クメール語	読み	ページ
～日	ថ្ងៃទី~	トゥガイ・ティー・～	91
日曜日	ថ្ងៃអាទិត្យ	トゥガイ・アトゥ(ト)	86
日本	ជប៉ុន	チャポン	35
入学する	ចូលរៀន	チョール・リーアン	112
ニュース	ដំណឹង	ドムナン	67
にわとり	មាន់	モワン	126
～人	～នាក់	ネア(ク)	21
にんじん	ការ៉ុត	カロォ(ト)	124
にんにく	ខ្ទឹមស	クトゥム・ソー	124

ね

日本語	クメール語	読み	ページ
～ね	～ណា	・ナー	89
猫	ឆ្មា	チュマー	126
値段は～だ	ថ្លៃ~	トライ・～	7
ネックレス	ខ្សែក	クサエ・コー	118
眠る	លក់	ロ(ク)	51
寝る	គេង	ケーン	31
寝る	ដេក	デー(ク)	51

の

日本語	クメール語	読み	ページ
～の［所有］	របស់	ロォボッ	94
ノート	សៀវភៅសរសេរ		119
		スィアウパウ・ソセー	
農家	កសិករ	カセコー	27
のどが渇いた	ស្រេកទឹក	スレー(ク)・トゥ(ク)	38
乗る	ជិះ	チッ	51

は

日本語	クメール語	読み	ページ
歯	ធ្មេញ	トゥメニュー	70
はい	បាទ／ចាស	バー(ト)／チャー	3
バイク	ម៉ូតូ	モートー	88
パイナップル	ម្នាស់	ムノワッ	125
履く	ស្បែក	スリーア(ク)	51
箸	ចង្កឹះ	チョンカッ	121
始める	ចាប់ផ្ដើម	チャ(プ)・プダウム	50
場所	ឯណា	アエ	45
走る	រត់	ロォ(ト)	51
バス	ឡានក្រុង	ラーン・クロォン	122
恥ずかしい	ខ្មាសគេ	クマーッ・ケー	82
パスポート	លិខិតឆ្លងដែន		119
		リカ(ト)・チューロン・ダエン	
パソコン	កុំព្យូទ័រ	コムピューター	34
8	ប្រាំបី	プラム・バイ	23
8月	ខែ៨	カエ・プラム・バイ	91
8月	ខែសីហា	カエ・セイハー	91
80	ប៉ែតសិប	パエ(ト)サ(プ)	23
はっきりと	ច្បាស់	チュバッ	57
はっきりと	ច្បាស់លាស់	チュバッ・ロワッ	67
鼻	ច្រមុះ	チュロオモッ	70
花	ផ្កា	プカー	101
話、物語	រឿង	ルーアン	49
話す	និយាយ	ニジーアイ	57
バナナ	ចេក	チェー(ク)	36
母	ម្ដាយ	ムダーイ	22
早い（時間が）	ឆាប់	チャ(プ)	38
速い	លឿន	ルーアン	62
（スピードが）			
腹	ពោះ	ポッ	70
（～時）半	កន្លះ	コンラッ	64
ハンカチ	កន្សែង	コーン・コンサエン	119
番号	លេខ	レー(ク)	73
バンコク	បាងកក	バンコー(ク)	92
（地名）			

ひ

日本語	クメール語	読み	ページ
日	ថ្ងៃ	トゥガイ	53
東	ខាងកើត	カーン・カウ(ト)	47
低い	ទាប	ティーア(プ)	30

139

飛行機	យន្តហោះ	ヨン・ホッ	90
左	ឆ្វេង	チュヴェーン	47
（〜する）必要がある	ត្រូវ〜	トラァウ・〜	41
（〜が）必要だ	ត្រូវការ〜	トラァウ・カー・〜	33
人	មនុស្ស	モヌッ	95
一人	ម្នាក់	ムネア(ク)	21
暇だ	ទំនេរ	トムネー	84
100	មួយរយ	ムーオイ・ロォーイ	23
病院	ពេទ្យ	ペー(ト)	68
病気	ជំងឺ	チョムグー	70
美容師	ជាងអុតសក់	チーアン・オ(ト)・ソ(ク)	27
昼	ថ្ងៃ	トゥガイ	45
ビル	អាគារ	アキーア	122

ふ

フォーク	សម	ソーム	121
服、シャツ	អាវ	アーウ	84
服装	សំលៀកបំពាក់	ソムリーア(ク)・ボンペア(ク)	118
豚	ជ្រូក	チュルーウ(ク)	126
普通は	ជាធម្មតា	チーア・トマダー	65
ぶどう	ទំពាំងបាយជូ	トンペアン・バーイ・チュー	125
太っている	ធាត់	トワ(ト)	38
プノンペン	ភ្នំពេញ	プノム・ペニュ	106
フランス	បារាំង	バラァン	35
古い	ចាស់	チャッ	38
プレゼント	កាដូ	カドー	87
〜分	នាទី	ニアティー	66

へ

〜へ	ទៅ〜	タウ・〜	41
ベッド	គ្រែ	クレェー	120
ベトナム	វៀតណាម	ヴィエ(ト)ナーム	35
へび	ពស់	ポッ	49
部屋	បន្ទប់	ボント(プ)	114
ヘルメット	មួកសុវត្ថិភាព	ムーオ(ク)・ソヴァタピーア(プ)	89
ペン	ប៊ិច	ベ(チ)	22
勉強する	រៀន	リィーアン	22
弁護士	មេធាវី	メーティアヴィー	27

ほ

報告書、レポート	របាយការណ៍	ロォバイカー	41
帽子	មួក	ムーオ(ク)	89
包丁	កាំបិត	カンバ(ト)	121
ボート	ទូក	トーウ(ク)	90
他の人／物	គេ	ケー	53
星	ផ្កាយ	プカーイ	123
ほしい	ចង់បាន	チョン・バーン	33
ホテル	សណ្ឋាគារ	サンタキーア	83
ほめる	សរសើរ	ソサウ	39
ボランティア	អ្នកស្ម័គ្រចិត្ត	ネア(ク)・スマ(ク)・チャ(ト)	27
本	សៀវភៅ	スィアウバウ	49
本当だ	មែន	メーン	73
本当に〜だこと！	〜មែនទែន!	〜・メーン・テーン	53
本屋	បណ្ណាគារ	ボンナキーア	44

ま

毎〜	រាល់・〜	ロォワル・〜	58
前	មុខ	モ(ク)	47
曲がる	បត់	ボ(ト)	47
まき	ឧស	オッ	121
枕	ខ្នើយ	クナウイ	120
孫	ចៅ	チャウ	127
まさにこの、まさにその	ហ្នឹង	ヌン	36

日本語	クメール語	読み	頁
まずは、とりあえず	សិន	サン	43
まだ〜しない	អត់／មិន ទាន់〜(ទេ)	オ(ト)／ムン・トワン・〜	79
街	ទីក្រុង	ティー・クロォン	122
待つ	ចាំ	チャム	43
〜まで	ដល់〜	ドル・〜	86
間に合う	ទាន់	トワン	79
マンゴー	ស្វាយ	スヴァーイ	125
マンゴスチン	មង្ឃុត	モンコ(ト)	125

み

見送る	ជូនដំណើរ	チューン・ドムナウ	93
見える	ឃើញ	クーニュ	77
右	ស្តាំ	スダム	47
短い	ខ្លី	クライ	38
水	ទឹក	トゥ(ク)	38
湖	បឹង	バン	83
水を浴びる、シャワーを浴びる	មុជទឹក	モ(チ)・トゥ(ク)	53
店	ហាង	ハーン	55
緑	បៃតង	バイトーン	34
南	ខាងត្បូង	カーン・トゥボーン	47
醜い	អាក្រក់មើល	アクロォ(ク)・ムール	30
耳	ត្រចៀក	トロォチーア(ク)	70
土産	វត្ថុអនុស្សាវរីយ៍	ヴォアット・アヌサヴァリィー	83
ミャンマー	ភូមា	プミーア	35
見る	មើល	ムール	37
ミルクフルーツ	ផ្លែទឹកដោះគោ	プラエ・トゥ(ク)・ドッ・コー	125

む

| 迎える | ទទួល | トトゥーオル | 93 |
| 虫 | សត្វល្អិត | サ(ト)・ルア(ト) | 123 |

難しい	ពិបាក	ピバー(ク)	30
胸	ទ្រូង	トゥルーン	70
紫	ស្វាយ	スヴァーイ	34

め

目	ភ្នែក	プネー(ク)	70
メートル	ម៉ែត្រ	マエ(ト)	104
眼鏡	វ៉ែនតា	ヴァエンター	118
召し上がる	ពិសា	ピサー	46

も

〜も…だ	〜ក៏…ដែរ	・コー・…・ダエ	43
もう〜した（完了）	〜ហើយ	〜・ハウイ	63
〜と申します	ខ្ញុំឈ្មោះ〜	クニョム・チュモッ・〜	5
木曜日	ថ្ងៃព្រហស្បត្តិ៍	トゥガイ・プロォホワッ	86
もし〜なら	បើ	バウ	45
もしもし	អាឡូ	アロー	73
持ち物	សម្ភារៈ	アイヴァン	119
持つ	យក	ヨー(ク)	68
もっと	ទៀត	ティーア(ト)	38
物	របស់	ロォボッ	33
桃（色）	ផ្កាឈូក	プカー・チュー(ク)	34
問題	បញ្ហា	バニャハー	114

や

野菜	បន្លែ	ボンラエ	110
優しい、親切な	ចិត្តល្អ	チャ(ト)・ルオー	95
安い	ថោក	タオ(ク)	30
休む	សំរាក	ソムラァー(ク)	86
痩せている	ស្គម	スコーム	38
屋台	ហាងបាយ	ハーン・バーイ	83
山	ភ្នំ	プノム	123
やめる	ឈប់	チョ(プ)	38

ゆ

夕方	ល្ងាច	ルギーア(チ)	45
勇敢な	ក្លាហាន	クラハーン	95
友人	មិត្តភ័ក្ត	ム(ト)・ペア(ク)	36
ゆっくり話してください	សូមនិយាយមួយៗ	ソーム・ニジーアイ・ムーオイ・ムーオイ	11

よ

良い	ល្អ	ルオー	30
良いです	បាន	バーン	29
良いですね	ល្អណាស់	ルオー・ナッ	3
(〜の)ようだ	ដូចជា～	ドー(チ)・チーア	68
よく〜する	ឧស្សាហ៍～	ウッサー・〜	58
浴室	បន្ទប់ទឹក	ボント(プ)・トゥ(ク)	120
呼ぶ	ហៅ	ハウ	37
読む	អាន	アーン	49
〜よりも	ជាង～	チーアン・〜	53
夜	យប់	ヨ(プ)	45
40	សែសិប	サエサ(プ)	23

ら

来週	អាទិត្យក្រោយ	アトゥ(ト)・クラオイ	26
来年	ឆ្នាំក្រោយ	チュナム・クラオイ	94
ラオス	ឡាវ	ラーウ	35
ランブータン	សាវម៉ាវ	サウマーウ	125

り

リエル	រៀល	リィーアル	31
理解する	យល់	ヨル	67
リュウガン	មៀន	ミーアン	125
流暢だ	ស្ទាត់	ルー	57
理容師	ជាងកាត់សក់	チーアン・カ(ト)・ソ(ク)	27

料理	ម្ហូប	ムホー(プ)	105
りんご	ប៉ោម	パオム	125

れ

冷蔵庫	ទូទឹកកក	トゥー・トゥ(ク)・コー	34
0.5ドル	៥កាក់	プラム・カ(ク)	28
レストラン	ភោជនីយដ្ឋាន	ポーチニヤターン	83

ろ

6	ប្រាំមួយ	プラム・ムーオイ	23
6月	ខែ៦	カエ・プラム・ムーオイ	91
6月	ខែមិថុនា	カエ・ミトナー	91
60	ហុកសិប	ホ(ク)サ(プ)	23

わ

若い	ក្មេង	クメーン	38
別れる	លា	リーア	61
忘れる	ភ្លេច	プレ(チ)	89
私	ខ្ញុំ	クニョム	19
私たち	យើង	ユーン	19
渡る	ឆ្លង	チュローン	88
笑う	សើច	サウ(チ)	51
悪い	អាក្រក់	アークロオ(ク)	30

上記以外の機能語

[関係代名詞]	ដែល	ダエル	87
[疑問詞疑問文の語気をやわらげる文末詞]	ដែរ	ダエ	25
[文頭で疑問文の開始を明示]	តើ	タウ	65

142 ១៤២ ムーオイ・ロォーイ・サエサ(プ)・ピー

●著者略歴●

森奏子(もり かなこ)
仙台市出身。東京外国語大学卒業、同大学院地域文化研究科博士前期課程修了。東北大学大学院国際文化研究科博士後期課程修了。同大学院在学中に王立プノンペン大学に留学。専門はカンボジア語学。現在、東京外国語大学などで非常勤講師。

● 音声ダウンロード・ストリーミング

本書の付属 CD と同内容の音声がダウンロードならびにストリーミング再生でご利用いただけます。PC・スマートフォンで本書の音声ページにアクセスしてください。

https://www.sanshusha.co.jp/np/onsei/isbn/9784384057874/

CD付
ゼロから話せるカンボジア語

2015年 5 月 20 日　第 1 刷発行
2021年 11 月 20 日　第 5 刷発行

著　者——森　奏子
発行者——前田俊秀
発行所——株式会社 三修社
　　　　〒150-0001　東京都渋谷区神宮前2-2-22
　　　　TEL 03-3405-4511
　　　　FAX 03-3405-4522
　　　　振替 00190-9-72758
　　　　https://www.sanshusha.co.jp
　　　　編集担当　三井るり子

印刷所——倉敷印刷株式会社
製本所——牧製本印刷株式会社

カバーデザイン　　峯岸孝之（Comix Brand）
本文イラスト　　　キモトケンジ
CD 録音・製作　　株式会社メディアスタイリスト

ⓒ Kanako Mori 2015 Printed in Japan
ISBN978-4-384-05787-4 C0087

JCOPY〈出版者著作権管理機構 委託出版物〉

本書の無断複製は著作権法上での例外を除き禁じられています。複製される場合は、そのつど事前に、出版者著作権管理機構（電話 03-5244-5088 FAX 03-5244-5089 e-mail: info@jcopy.or.jp）の許諾を得てください。